ビジネスに効く修験道

求菩提山座主　山田龍真
道幸龍現（武久）

今日の話題社

はじめに

道幸龍現

本書を手に取っていただき、ありがとうございます。

「修験道《しゅげんどう》がビジネスに効く？　どういうこと？」

「修験道って宗教でしょ？　ビジネスと関係あるの？」と思われたかと思います。

むしろ「修験道って、何？」とご存じない方も多いかもしれません。

私はこれまでビジネスプロデューサー、コンサルタントとして活動するなかで、クライアントのビジネスに役立つメソッドを常に探してきました。あるきっかけで修験道と出会い、修験道がビジネスに与える可能性に衝撃を受けたのです。

修験道はビジネスに効きます。それは、修験道に伝わる「パワーと叡知」のメソッドをビジネスに応用することで成果や環境を大きく改善できる、ということです。

とはいえ、「修験道」と聞いてもピンとこないのが普通かもしれません。初めて聞く方も多いでしょう。時代劇や歌舞伎に出てくる「山伏《やまぶし》」と聞くと、イメージが浮かぶかもしれません。それくらい一般の方には馴染みの薄い存在かと思います（実は私も、数年前まで修験道のことをほとんど知りませんでした）。

このように現代ではレアな存在になってしまった修験道ですが、もとは奈良時代に成立してから千年以上にわたり全国で発展し、非常に大きな勢力を持っていました。しかし、皆さんも日本史でご存じかもしれませんが、明治維新の後、明治元年に神仏分離令があり、明治五年に修験禁止令が出され、修験道は政府から禁止されました。そして排仏毀釈《はいぶつきしゃく》の流れで修験道に関するものは破壊されてしまったのです。第二次大戦後に復活したものの、残念ながら以前の勢いは見られないのが実情です。

そんな中、九州・求菩提山《くぼてさん》で数々の過酷な荒行に挑戦し、かつて隆盛を誇った求菩提山修験道を再興した一人の山伏がいます。

その人こそ、本書の共著者であり私の修験道の師匠、山田龍真《やまだりゅうしん》師匠です。

山田龍真師匠は、百数十年間途絶えていた千日回峰行を復活させたり、土中即身成仏行や焚いた護摩《ごま》が二百五十万枚を超えるなど、想像を絶する数々の荒行を乗り越えてきた、まさに「スーパー山伏」とお呼びするのがふさわしい方です。

山田師匠は山伏のイメージで恐い人と想像されるかもしれません（少なくとも私はそう想像していました）が、実際にお会いするとまったく逆で、柔和な笑顔の明るい方です。初心者の私に辛抱強く丁寧に、時にユーモアを交えながら手ほどきしてくださいました。文章の端々にお人柄がにじみ出ているように感じます。

さて本書では修験道の教えや経典・作法をご紹介しています。初公開の秘密のものもあり、修験道に触れるのが初めての方はびっくりされることと思います。そこで、本書の「ビジネスに効く」を体感しやすい最短ルートをご提案しておきます。

①まずは、第二部の山田龍真師匠による修験道の修業の心得をよく読んで理解してください。②次に第三部にある「九字切り」をやってみてください。③そして付属DVDを何度も見てください。世界一の枚数の護摩を焚いてきた山田龍真師匠の護摩の様子を収録したものです。九字を切り炎を見つめることでマインドが強くなります。

まずはここから始めて、修験道のパワーと叡知に触れ、ご自分のビジネス向上に活かしていっていただきたいと思います。

なお、本書はあくまでもビジネス書のため、修験道について詳細に知りたい方には物足りなく思われるかもしれません。また第3章で掲載したものの多くは求菩提山修験道に伝わるものをベースにしており、修験道の他の宗派との整合性は特に考慮しておりませんので、ご了承ください。

修験道に興味のある方は、一般向け体験プログラムのある宗派もあるようですし、すぐれた入門書が出版されていますので、そちらをご覧になるのもよろしいかと思います（山田師匠の奥之院でも毎月護摩供があり、一般の方も参列できます）。

本書にご縁がありお読みいただいた皆様が、お仕事、ひいては今後の人生において、神仏のご加護のもと大きく発展していかれますことを、心からお祈りいたします。

道幸龍現（武久）

※私はこれまで本名の「道幸武久」名義で本を書いてきましたが、山田龍真師匠のご指導で得度しましたので、本書では著者名を法名の「道幸龍現」とさせていただきました。

ビジネスに効く修験道　目次

第3章　修験道のパワーと叡知をビジネスに活かす実践ツール　80

山田龍真＝監修

第1章

ビジネスに修験道を活かすとは

道幸龍現

「ビジネスに修験道を活かす」とは、どういうことでしょう？ビジネスプロデューサー、コンサルタントとして数多くのクライアントを成功に導いてきた筆者が、なぜ修験道の門を叩き修業しているのか、ということをヒントに、修験道とビジネスの成功について語ります。

私が修験道に出会うまで

私は、二十九歳の時に独立してから、ビジネスプロデューサー、コンサルタントとして活動してきました。そういう中でビジネスの手法を開発したり改善したりする仕事が多くありますが、普通、ビジネスでテーマになることといえば、まずは売り上げを伸ばすこと。そして利益を上げること。そのためには経費を削減することや、マーケティングなどが必要になります。そして働いている人をやる気にさせること、社内の意思疎通をスムーズにすること。そういうことがテーマになりますね。

本屋さんのビジネスコーナーに行くと、そのテーマを高めるための技術や方法論の本もたくさんあります。たとえばコーチングやカウンセリング、リラックス、癒しの技術なども入ってきます。

私は仕事柄、こういったビジネスをサポートするものにはアンテナを張っていて、ビジネスには何が一番効くのだろう、といつも探していて、良さそうなものがあれば、自分で試しています。


実は、最初は、神道に辿り着きました。神社に行くことがいいよ教えていただいて、いろいろ勉強して試しました。確かに、神社に行くと雰囲気が良くてなんだかリラックスするし、癒されるし、何より運気が上がる感じがする。

実際、過去の偉大な経営者たち、たとえば松下幸之助さんとか、出光佐三さんといった人たちは、神道、神社への崇敬が篤かったのです。私はよく「神様に応援された」という表現をしますが、それくらい彼らは神道の軸を強く持つことによって業績が上がったと言えると思います。

そこで神道についてかなり研究して、いろいろな方にお会いしたり、多くの実践もしました。伊勢神宮ツアーを六年連続で大人数でやらせていただいたり、ある教派系神道の教師資格をいただいたりしながら、神道をビジネスに活かすという方向性を確立して活動を広げてきました。その中で、あるきっかけで修験道に出会ったのです。

神道と修験道

修験道は、ある意味、誤解を恐れず言うと、もっとすごいものがあるなと直感しました。もちろん神道と比較するつもりはないし無意味なことですが、修験道には神道とはまた違ったすごさがありました。

私はやはりビジネスプロデューサーですので、神道と修験道の両方から良いところをいただいたら、もっとビジネスに効くのではないかと思い、山田龍真師匠にお願いして修験道体得の道に入っていったのです。

私の仕事と生活の拠点は東京ですが、以前から長野の飯綱《いいづな》山と戸隠《とがくし》山の麓にも家があります。家を買った当時は知らなかったのですが、後から修験道のことを調べていて、実は飯綱山が修験道の山だったことを知りました。

その家には仕事の合間に月に一回、二泊二日程度帰って、山を歩くのが習慣になっています。一回に三時間ほど山を歩くと、すごくリラックスして、自然のパワーに触れたなあ、と実感します。

神道は自然崇拝と心得ていましたし、実際そういう側面があるので、これぞ神道、自然が神であると実感していました。しかし修験道に出会ってからは、どうも自然崇拝は神道というよりは修験道だったのではないかと感じるようになりました。太古から山岳信仰や古神道と言われる自然崇拝があって、それをベースに修験道が生まれて、そこに共通するものを取り入れて神道も生まれたのではないかと。学術的な知見からは正確ではないでしょうが、神道と修験道を両方実践してみると、そういう実感が湧いてきます。

修験道とは

修験道とは何か、と言われて一言で答えるのは正直難しいものです。もちろん辞書的な定義はすぐ出てきますが、外から見ていても本当のところは分かりにくい。分かりづらいからいろいろといい加減なことを言われてしまう側面があると思います。たとえば、呪いの術だとか決めつけたがる人がいます。修験道というのは、仏教伝来よりもっと前の古くからある自然崇拝的なものがベースにあって、仏教が入ってきて成立し、そこに中国の道教と陰陽道が混ざっていて、もちろん神仏習合として神道も軸としてあり、混沌として見えるのです。実はこの混沌としていることそのものが修験道の本質なのかな、と私は感じているのです。全部が混ざった、混沌としている状態。じゃあ混沌だから分かりづらいのかと言うと、そうではなくて、頭で考えて分析判断しようとしているから分かりづらいだけなのです。頭で小分けにして考えるのではなくて、体で全体的に感じればいいのではないかと思うのです。

グーグルで取り入れられたことで有名になり流行しているマインドフルネスというものがありますが、あれも頭で考えても分からないのです。考えるのをやめて思考を停止した先に感じるものがあり、リラックスする、という禅なのですね。

修験道の人、修験者を山伏とも呼びますが、修行のメインは山に入ることです。山に入って過ごすのですが、山田龍真師匠には、一人で行きなさいと言われます。みんなで集団で行くものではなく、一人で行くことが修行なのだと。

私も家のある飯綱山で三、四時間、一人で登っていると、自然と対話しているような気がしてきて、リラックスしたり、自分の器が大きくなっていく感覚があったりと、都会では体験できない様々なことを感じます。そして、山からパワーを得る修行をする修験道はやはりすごいものだと改めて思うわけです。

ちなみに、山田師匠からは、山に入る時にはスマートフォンを置いて行けと言われますが、さすがにケガをしては困りますし何かと不便も考えられるので、リュックの底に入れてなるべく使わないようにしています。

これは山田師匠に教えていただいたのですが、山伏は、武士と同じなのだそうです。つまり音で同じ「ブシ」と言いますが、山伏も刀を持った武士と同じなんだよと。たしかに師匠は修行で山に入る時には日本刀を携えていたそうです。

さて、修験道で山に入ることは登山と似ているのですが、気を付けてほしいのは、修験道で山に入るのは、登山のように山を全部登りきるというのが目標ではない、ということです。

この登りきるというのは、西洋的な考え方と思います。良い悪いという価値観ではなく、山を人が征服するという原理であって、頂上まで登りきったから、山に自然に勝ったのだと。その考え方は、一番上に唯一絶対神、ゴッド、キリストがいて、その下に人間がいて、自然は一番下にいる、というピラミッド構造で、これは西洋文明の伝統的な型ですよね。

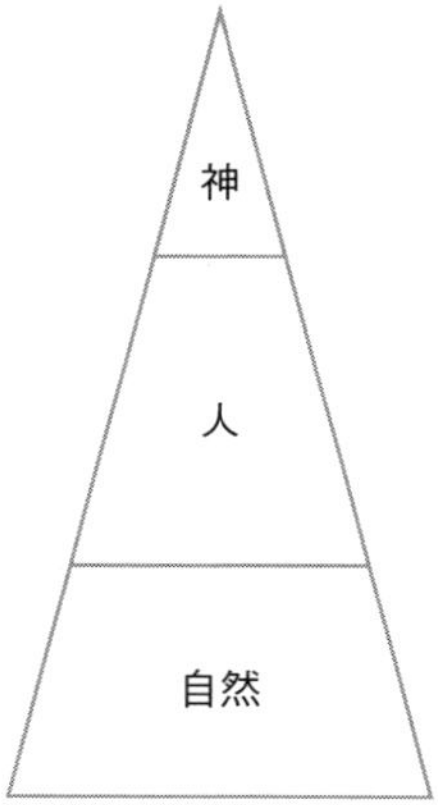

これが神道や修験道では、自然全体の中に神も人もいるということになります。自然全体の中に、私たち人間が生かされて、生かしてもらっているという捉え方です。

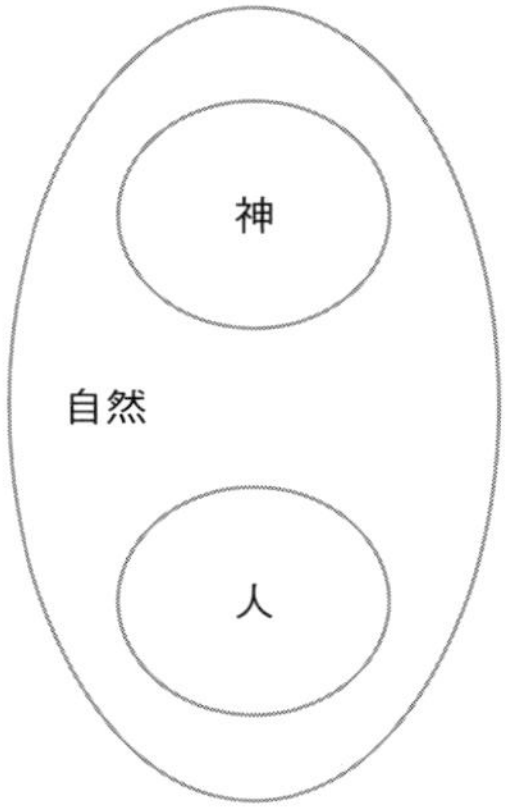

特に日本では山の信仰でそれが顕著に出ていて、修験道や神道のベースにもなったと思います。たとえば御嶽教は今でこそ神道系ですが明治までは修験道でしたし、大山祇神の神社はもちろん神道ですが、山にあるのは修験の考え方があるのではないかと感じます。そして、日本人の独特な感性にも、修験道からの影響は大きいだろうと思います。

先ほど、山は頂上まで登りきらなくていいと言いましたが、山登りについては不完全でいいということです。このことと通じるものが修験道にあります。

私の行く飯綱山もそうですし、師匠の求菩提山《くぼてさん》もそうですが、そこにはいろいろな神々が祀られていらっしゃるのです。実際、修験道の修行で山を回っている時に、神様の祀られている場所に着いたら、大祓祝詞《おおはらえのりと》などの祝詞《のりと》を上げるのです。これは神道でやることですよね。八百万の神々を祀っているのです。それでいて同時に仏様を祀りますし、護摩では不動明王、お不動さんにお願いして炎で浄めていただきます。つまり、修験道の特徴は、神と仏、神仏両方を大切にしていることなのです。普通は神道は神道、仏教は仏教と分かれていますし、分けて捉えます。修験道は、その成り立ちから密教と近い部分が多いのですが、やはり神仏なのです。

修験道とは何かと言う時に、私の実感では、神道は神様で、魂を扱う。仏教は心を扱う。修験道は体だと。体を使うということです。山田龍真師匠は、千日の間山に籠って、体を使って神と一体化したのだ、ということだと思うのです。

「ビジネスに効く」とは

修験道は密教と近い部分が多くありますが、密教の世界では究極の目標は「即身成仏」と言います。

山田師匠は二十代で魚屋で成功されて、二十六歳で家を買ったくらい事業で成功されました。その後すぐにすごい病気になられて、それを解決するために出会ったお坊さんの弟子になって、三十歳で密教に入られました。そして修行して三十八歳で阿闍梨《あじゃり》になりましたが、今度は求菩提山の修験道に挑戦していくことになります。

修験道に転身してから、四十一歳の時に即身成仏の行に挑戦して満行されました。つまり生きながらにして仏になった、ということです。

ところが修験道では究極の目標は「即身即身」と言うのです。つまり体になる、という表現ですが、即身成仏の先には即身即身があったのです。

これが「ビジネスに効く」とどういう関係があるのかというと、こういう例があるのです。

山田師匠のところには、よく不登校や引きこもりの子が来るのですが、師匠はまず、スマホやゲームを取り上げるのです。そして一週間、山に入らせます。それも一人で山を歩かせるのです。これですごく成長するのだそうです。

一日山を歩いて、戻ってくるとお経しかない。ご飯を食べたらすぐ疲れて寝てしまう。そして最終的には、一週間や十日の時に、夜の山を一人で歩かせるのです。もちろん恐怖はある。しかしこれを乗り切ると自信になる。

最初から皆さんが夜の山を歩いたらもちろん危険ですよ。私だって夜の山はまだ一人で行ったことがないくらいで（笑）、せいぜい昼間とか夕方くらい。

また、求菩提山というところは独特な山で、私も上から下まで全部登ったことがありますが、肉体が神・自然と一体になる感覚がすごくあります。求菩提山に限らず山は登るだけで肉体的にも精神的にもリフレッシュになりますし、年に何回か山伏になって一人で山を歩くということは、身心のパワーアップになるかと思います。

このあたりが、「ビジネスに効く」のではないかと私が考えている、修験道の教えの一つです。

第3章でご紹介しますが、「九字切り《くじ》」というものがあります。よく忍者がやる「臨兵闘者皆陳烈在前」と唱えながら指で空中を切るあれです。密教も修験道も、印を結んで真言を唱えて、護摩の炎を使います。このあたりが密教と修験道の近いところですが、九字切りは修験道独自のものです。

この本では、ぜひこの九字切りを覚えてほしいと思っています。この本の中心は実は九字切りと護摩だと言っても過言ではないくらい重要と考えています。それは、ビジネスで成果を上げたり環境を改善するのに非常に役立つと思うからです。

さて九字切りは修験道独自のものですが、忍者が九字を使ったように、忍者や武士も修験道を学んでいたのです。

また、お彼岸やお盆も、実はルーツは修験道にあるそうです。仏教ではないのだそうです。他にも、おそばも、戸隠には戸隠そばがありますが、もともとは長野の伊那に行者そばというものがあり、これは修験道の開祖である役小角、役行者が修行でここを通った時にそばを伝えたということなのです。そばは修験道で伝えられているのです。こういう歴史が忘れられているのですね。

修験道を取り入れてパワーアップ

本書から始めて修験道を取り入れていくと、自信がついて、ビジネスでの成果が変わってきます。

まず、長く深い歴史の中で出てくる、山というキーワード。山を歩く。感じる。

それから印。これは本書の九字切りから始めます。印を切りながら「臨兵闘者皆陣烈在前」を何回も唱えていくと、自分の気が引き締まり、目の前の邪気も払い、ネガティブなものを祓うことができます。そして今度は怖い山の中を一人で歩くことによって、自信がつき、自分の人生が変わってきます。人生を変えると、マインドセットが変わります。私たちは知らず知らずマインドセットに支配されているわけですが、九字を切ることでこの状況を変えることができるということです。

私はビジネスも実はマインドセット次第だと思っています。例えば「売り上げを上げたい」というマインドセットが明確にある人と、そうではない人とでは、大きな違いが出てきます。九字を切ると、マインドセットを明確化することができるのです。もちろんビジネス以外、たとえばスポーツもマインドセットが重要ですから、成果を大きく改善できると思います。

そして護摩です。修験道の大きなお祭りに柴灯護摩というものがあります。山田師匠の奥之院でも今年（二〇一八年）二月に催行されます。この柴灯護摩は、屋外で巨大な護摩を焚くのですが、最後に修験者に火渡りをさせるのです。山伏が火の上を歩く火渡りはテレビで見たことがあるかもしれませんね。もちろん小さくなった火ですが、火の上を歩くのです。私の知っているあるビジネスセミナーでは、参加者にこの火渡りをさせるのです。火を渡ると、困難を突破したという自信がつくということです。

護摩についてはもう一つのアプローチがあります。これは密教に近い方法ですが、護摩の火を見つめることで、ビジネスの成果を大きく改善することができるのです。

私はビジネスに役立つ手法を探すなかで、潜在意識の重要性についても研究してきました。ビジネスでは、潜在意識というキーワードは避けて通れないもので、どうやって売り上げを上げるかとか、どうやって良い人脈と出会うか、とったテーマには必ず潜在意識が関係してきます。そのため修験道に出会った時、これだ！と直感したのですが、護摩は潜在意識に働きかけるのに非常に効果的なのです。

山田師匠の護摩のすごさ

護摩の炎をずっと見つめていると、変性意識という意識状態に入りやすくなります。必ず入ると言ってもいいくらいです。

火を見つめていると、ぼーっとしてくる。そのうち、火の中に何かが見える、感じる。これは、ちょっと神秘的というか、スピリチュアル的なことなのですが、たとえば私は、炎の中に龍が見えたり、不動明王とか十一面観音が見えたことがあるのです。ここで言いたいのは、何が見えたかということではなくて、何かが見えるほどの意識状態になることによって、心、マインドが強くなる、ということなのです。

このことをよくわかっていて活用した例が、戦国武将です。たとえば上杉謙信は、真言宗の高野山で修行して、阿闍梨権大僧都《あじゃりごんだいそうず》の位階をもらっています。ライバルの武田信玄は天台宗で熱心に信仰していました。

現代でも、野球選手や一流企業の経営者、政治家が護摩で祈願する、ということは聞いたことがあるかもしれませんね。護摩で祈願するというのは、炎を一心に見つめて心を強くしながら祈るのです。そして究極的には不動明王と一体化するということです。これはやはりビジネスにすごく効くのです。すでに成功している人がやったら、もっと成功していく世界なのです。成功するのに護摩は避けて通れない、そう言い切ってしまいたいくらい強力で効果的なものなのです。

先ほどの武田信玄は、特に不動明王を大事にしていました。修験道の本尊も不動明王ですから、共通していますね。

不動明王、お不動さんとは、大日如来が私たち衆生《しゅじょう》、一般人に近づいて来て、護り助けてくださる時の姿です。

不動明王の仏像の後ろ側には炎が描かれています。まさに護摩の炎で、自分の中にある煩悩、弱い心を焼き尽くして強い心にしてくれるのです。

お不動さん、護摩で有名なお寺は、成田山新勝寺とか、東京だと目黒不動その他いろいろ思い付きますね。皆さんの近くにもあると思います。私は、その数ある中で、求菩提山奥之院の山田龍真師匠の護摩をぜひ一度体験していただきたいと思っています。もともとこの本を出すことになった最初のきっかけは、山田師匠の護摩に出会って、こんなすごいものをぜひ皆さんに見てほしい、体験してほしい！と強く思ったことからでした。

山田龍真師匠は、焼百万枚護摩供というとてつもない荒行を成し遂げられました。焚いた護摩の数は累計では二百五十万枚にもなります。前人未到の数で、まさに世界一の護摩焚きと呼んでいいでしょう。

その山田師匠の護摩の様子は、付属ＤＶＤに収録しましたが、その強烈なパワーに、初めての方は必ずびっくりされます。

とはいえ、山田師匠のいらっしゃる九州・求菩提山は、遠くて行くのが大変な方が多いでしょう。そこで、山田師匠による実際の護摩の様子をＤＶＤに収録したのです。このＤＶＤは見るだけで変性意識状態に入っていきます。世界一の護摩の様子を、お手許の画面で、好きな時に好きなだけ見て、変性意識に入る練習ができるということです。これはすごいことだと思いませんか？　そして機会があれば、ぜひ一度、生の山田師匠の護摩を体験していただきたいと願っています。

九字切りと護摩のセットがビジネスに効く！

ビジネスや人生でうまくいかない方というのは、何かマイナスのものに引き込まれる傾向が強いように感じます。そのマイナスの状態からプラスの状態に改善すると、うまくいっていると実感できるようになってきます。

順序としてまずマイナスをゼロに戻すには九字切りが非常に有効です。「臨兵闘者皆陣烈在前」と唱えながら印を切る。それでマイナスのものを吹き飛ばしていきます。

本書に九字の印を入れているのは、そういうことなのです。ぜひやってみてください。

とはいえ、九字切りは最初の一回目から効果が実感できるようなものではなくて、何回も練習が必要です。基本は、一日に千回。千回を十日間で一万回。それくらいやって九字切りになってきます。修験者の行者というのは、それくらい修行するのが当たり前なのです。一つの印ごとに気合を入れて唱えて切って、切り続けて、心の強い人になっていくのです。

皆さんも、そこまでは無理でも、最初は百回やってみるとかどうでしょう。一日百回やって十日で千回。

スポーツ、野球やテニスでもそうですね。初めてバットを持った人がバッターになっていきなりホームランを打てるものではなくて、毎日毎日、気合を入れて素振りして、やっと当たるようになりますね。それでもホームランになるかはわからない（笑）

九字も、千回くらいややらないと効いてこないのですが、実際にやってみると、何か変わったかな、と感じることが出てきます。

一つの自分のアファメーション、自分と人をやる気にさせるツールとして、邪気を払うツールとして、九字切りに取り組んでいただいたら、非常によいのではないかなと思います。これは修験道の秘伝ですから、ビジネスに効く修験道はここからやっていただくとすごくいいなと思います。

そして護摩です。DVDで、世界最高峰の山田師匠の護摩をぜひ何回も見ていただきたいのです。護摩の映像の中の炎をずっと見つめるだけで、変性意識状態に入っていきます。つまり、九字切りをたくさん練習して、定期的にDVDを見ていると、ビジネスのマインドセットが改善されてくるのです。これが私がこの『ビジネスに効く修験道』という本を山田龍真師匠と共著で書きたかったそもそもの理由なのです。

山田修験道の「強さ」

実際のところ、私から見ても、修験道を語れる人は、山田龍真しかいないのではないかなと思います。もちろん他の方を否定したりすわけではありませんし、いろいろな修験道のあるのでしょうが、たとえば山を登るにしても、少なくとも私が本やテレビやネットで見る修験道のイメージは、みんなで登る。それは登山ではないかと。山田師匠の修験道は、一人で山に入って一人で修行する。まさにゴルゴ13のような、孤独な戦い。一人の強さというものが山田師匠にはあると思います。一人で千日もの間、山から出てこない。終わってから、また追加で百日籠る。先ほど出てきた、引きこもりの子にも、一人で山に入らせていましたね。修行は、みんなで、という概念はそもそもなくて、一人でするものなのです。

山田師匠が成し遂げられた修行の数々については本書でも紹介していますが、前著の『行者魂』で本人が語る修行生活は、凄まじいの一言です。本人は淡々と書かれていますが、まさに世界一のことをされているのがよくわかります。

修験道の開祖は役行者《えんのぎょうじゃ》（役小角《えんのおづぬ》）と言われていますが、この求菩提山では、猛覚卜仙《もうかくぼくせん》という方が作られたと言われています。かつては大きな修験勢力で、およそ千年続いて、いろいろな修行も代々伝えられていたのですが、明治維新の際に修験道が禁止され解体されてから、完全に途絶えてしまいました。山田龍真師匠は、そんな状態のところに一人で入って、百数十年ぶりに修行成し遂げて、求菩提山修験道を、誰もできなかったレベルで復活させたのです。たとえば千日回峰行を成し遂げて大行満大阿《だいぎょうまんだいあ》闍梨《じゃり》という、誰も辿り着かなかった位になりました。千日回峰行は比叡山・天台宗のものが非常に有名ですけれども、あれは七年かけて千日させていただく、というものです。山田師匠は求菩提山に籠って、千日間ノンストップです。ノンストップというのは、そうそうできないと思うのです。山田師匠が再興した修験道は、これから永く、それこそこれから百年、千年と続く歴史になっていくと確信しています。

皆さんも本書を読んで興味を持たれたら、ぜひ『行者魂』も読んでみていただきたいですし、ぜひ実際に山田師匠の奥之院で修験道を体験してほしいと思います。

ビジネスで成功する秘訣

この本では触れませんが、山田師匠は土地のことに詳しく、九星気学もかなり深くされていますので、全国からたくさんの方が相談に来られます。特に経営者が多いそうです。土地のこと、運気のことを観てもらい適切にアドバイスしてもらうことで、ますます運が良くなるのですね。師匠が設計して建てられるお墓も、運気を改善するのに効果的とのことです。

私は、そういうアドバイスのやり方も師匠から教えていただいていていますが、やはり修験者として超一流の師匠から指導されるというのは、師匠のパワーをいただくような格別な感じがします。

皆さんも、この本や付属DVDを何度も見ることで、パワーに触れられるのではないかと思います。もちろん修験道についての内容や護摩の様子も入ってきますし大切ですが、実はこの本とDVDから伝わってくる山田師匠のパワーこそが、本当のメインコンテンツかもしれません。

結局のところ、ビジネスって、パワーだと思うのです。いくら頭の回転が早くても手が器用でも口が達者でも、パワーがなければ思うように通りません。この本とDVDで大きなパワーに触れて、自分の底からやる気とパワーが出てくる。そしてビジネスが向上していく。皆さんにぜひそうなってほしいと願っています。

ちなみに第3章では九字以外に難しい秘文や術も入っています。これは修験道に触れるのは初めてという人には不要に思われるかもしれません。しかし、それを承知で山田師匠があえて入れられたものなのです。全く頭に入らない、という方は、内容がわかることより触れることに意味があって、目を通した段階で見えない意識の世界では何かが動き始めている、そういうものだとご理解いただければよいと思います。

修験道には、加持祈祷《かじきとう》といって、全力で祈って、そこに仏様のエネルギーが加わって、状況を変えていく、というやり方があります。実際、呪いにも使えるのですが、本来はそういう怪しいことではなくて、究極は利他行、利他の精神です。私が山田師匠のところで修験道を教えていただくなかで、この利他行は修験道だなと実感しました。私は以前、そういうセミナーもやっていたのでよくわかるつもりですが、修験道は利他行そのもの、利他の精神こそが修験道の根本だと思います。

ビジネスで成功している人は、皆さんすごい利他の人ですよ。京セラの稲盛さんもそんなことをおっしゃっていましたが、利他、人のために何かを為す、ということをやっていると、結局自分に返ってくるということだと思います。

ですので、皆さんも利他の精神をもってこの本とＤＶＤで修験道の修業をすることで、運が良くなってきますよ。

修験道をビジネスに効かせる!

皆さんも、ぜひ修験道のパワーを取り入れてビジネスで成功していただきたいと思います。

それには、この本の内容を読み込んで、ＤＶＤに入っている護摩の炎を見つめて、九字切りをたくさん練習して、修験道というものを自分のアイデンティティーに入れるくらいまでやり込むことです。それから、山に一人で登ってみる。山田師匠からはスマホは持って行くなと言われますが、何かあるといけないのでリュックの底に入れて触らないようにします。

こうやって、自分なりに努力して修行を続けていくと、メンタルが鍛えられてビジネスのマインドセットが強化されます。ビジネスマインドを強くすることによって、売り上げが上がったり、収入が増えたり、出世したりという成果が出てきます。現代社会はビジネス、資本主義経済の社会ですから、やはりこういうことがこの社会で一番大事な自己実現と思うのです。

「修験」の「修」は、「修行」の「修」でもありますし、修行とは続けること、と山田師匠は教えられています。そして、修験道も神道も「道」です。誰かからいただく「教え」ではなく自分で進んでいく「道」だということが大切です。やはり自分でやっていく中でいろいろわかってくる、ということです。

神道の世界では感謝が大切だと教わってきました。修験の世界では、己に勝って、己が即身即身すること。自分が一体化するということですね。そうして自己実現していく。

皆さんが本書で九字切りや護摩の炎でビジネスマインドを強化して、望み以上の成果を上げていかれることを祈っております。

私自身も、いつか戸隠、飯綱山で自分なりの修験道を作り込んでみたいなと思っていますし、これからも山田龍真師匠、そして求菩提山修験道のお手伝いをしていきたいと思っています。

第2章

現代のスーパー山伏に聞く
修験道をビジネスに活かす道

山田龍真
道幸龍現（聞き手）

本章では、山田龍真師匠に筆者が質問したインタビューをまとめたものを掲載します。

数々の荒行を終え修験道の最高の境地にある山田師匠は、修験道のパワーと叡知をビジネスに活かしたいという筆者に対し、ビジネスだけでなく人生そのものを良くしていくヒントを提示してくださいました。

（1）修験道と修業

道幸　この章では「修験道をビジネスに活かす」をテーマに、山田師匠にいろいろと伺ってまいりたいと思います。まずは、修験道について全般的なこと、そして修業の基本的なことから教えていただけますでしょうか。

修験道の概要

まず、修験のなりたちからお話ししていきましょう。

修験とは、約千三百年前、役行者によって開かれた山伏道のことを言います。神仏一体観の信仰、山岳崇拝の精神を基とし、峻険な山岳を跋渉して、固苦を忍び、心身修練し、悟りを開いて仏果を得る、在家菩薩即身成仏の宗教です。

この宗旨は、役行者による開創以来、次第に民間に浸透し、平安・鎌倉・室町等の諸時代を通じて、公私日常の生活から、あるいは思想界・宗教界から、もし修験がなかったら果たして何が残るだろうといわれるほどの社会的勢力を持っていました。

ところが明治維新の神仏分離、修験道禁止により、聖護院の本山派修験は廃合されてしまいます。以後天台宗に属されましたが、終戦後いち早く修験宗と名称を変更し、その伝灯を守っております。

理論よりまずは実践

修験とは「修行して徳を験す」という意味で、むつかしい理論を追究するよりもまずは身体で実践することに重きをおいています。

元来人間は、清らかな良い性質を持っているものです。生まれたばかりの赤ん坊を見ればそのことがよくわかります。しかし生きるにつれ迷いの雲におおわれて悪業を作り、この本性を曇らせているので、修行して、この曇りを磨き清らかな本心に立ち還る、ということなのです。

入峰修業

さて、修験道の修行には、大きく分けて入峰修行と常時の修行があります。

入峰修行とは高祖（役行者）の開かれた諸国の霊山に登って修行すること、すなわち山に登って自然の声を経典として心身を錬磨、清浄の本心を磨き出して、仏と一体化する修行です。古来、霊山高峰に分け入り修業を積むことが最も肝要なこととされてきました。

法華経には「菩薩の勇猛精進、深山に入りて仏道思惟する」とあります。

また、聖不動秘密陀羅尼経にも「山林寂静の処に入って清浄の地を求め、道場を建立し諸々の梵行を修し、念誦の法をなさば本尊を見奉り悉地円満すべし」とあります。

つまり往古より日本に限らず大徳高僧が、この山林修業を積まれてきたということで、理論よりも実践が必要、という発想があります。

修験道は、この実践を第一条件とし、一歩一歩の確実な歩みを、自然の前に運ぶことにより、奥ぶかい理想をたどるのであり、修養を積んでその法悦にひたるのです。

そして入峰修業は、人間道の修養であるとも言えます。実行力を養成し、人間の人格の向上、並びに自らの宗教的敬虔な心を養う努力をすることです。

一般に家にあっては、雑事に追われ精神は曇りがちで、真の反省の機も少なく、ゆがめられた心を素直な清らかな心に戻すことが困難なので、しばらくこの汚濁の世間を離れ、山に修行し、仏心を体得するのです。

常時の修業

常時の修行とは、常に登山の時のような清らかな心持ちになることに勤め、日常生活にも、上求菩提《じょうぐぼだい》、下化衆生《げかしゅじょう》（自らを高め、人々を導く）の菩薩としての心をはっきりと形にしていこうとすることです。

修験では修業というのは特別なことではなく、生活そのものが修行であって、一生涯が人生の修行仏法の修行と心得なければならないのです。

八正道——煩悩をなくすための方法論

常時の修業の指針として、「八正道《はっしょうどう》」をご紹介しておきましょう。仏教の基本的な教えの一つですので、聞いたことがあるかもしれません。お釈迦様が教えられた、煩悩をなくして、正しい生き方に近づくための実践方法です。

一　正見《しょうけん》　正しいものの見方。

二　正思惟《しょうしい》　正しい思索（考えをめぐらす）、自己本位なものの考え方をすることとなく、ものごとについて的確な判断力を持つことである。

三　正語《しょうご》　正しい言語、活動、嘘をつくことなかれという戒めは当然であるが、それよりも、もっと積極的に美しいことばを使うことが要求される。

四　正業《しょうごう》　正しい行為。正思惟が心の方を言っているのに対して、正業は、からだの行為について言っている。盗まず、無益な殺生はせず、不倫の行為を避けるのが正しい行為である。

五　正命《しょうみょう》　正しい生活。正しい職業に就くことも、ここに含まれる。

六　正精進《しょうしょうじん》　正しい努力。がつがつと金銭的利益ばかりに努力する、それは本当の正しい努力ではない。

七　正念《しょうねん》　正しく念じる。念とは注意力である。日常生活において、うっかり、ぼんやりによって、ミスをすることが多い。そのうっかりぼんやりをなくせというのが、この正念である。

八　正定《しょうじょう》　正しく定める。そのためには精神統一である。いつもうわついた生活ばかりしているのではなく、たまには精神統一が必要である。

苦しみや煩悩をなくすには、その苦しみから逃げようとするのではなく、その苦しみに向き合って、正しく乗り越え突破するということです。まさに修業の世界です。

(2) ビジネスに修業を活かすには

道幸　修験道の修業のイメージは山で荒行をするというイメージでしたが、生活そのものが修業ということなのですね。それでは一般の人が修業をビジネスに活かしていくにはどうすればよいのでしょうか。

修業とは特別なことだけではない

修行には「続けて行う」という意味があります。

そして、修行は人に強要され行うものではなく、あくまで自分自身の意思決定によって行うことが大切です。

私のところに修業したいと来られる人の中には、修行したいが何の修行をしていいのか分からない人もいます。

また、山を回峰したり禊《みそぎ》をしたり滝に打たれたりする、苦しいことに耐えることだけが修行ととらえられている節があるのも事実です。

一般の人と修験者の修行では、その修行の目的は違ってきますが、ここでは一般の人向けにお話ししたいと思います。

修行とは、先ほど出たように、山に入って苦行することだけが修業ではありません。むしろそれ以外のことのほうがよほど修業になることが多いものです。たとえば、健康に良いこと、家族が友人が喜ぶようなこと、社会のためになることを続けるなども、立派な修行であることを知っていただきたいと思います。

私たち誰もが「豊かでありたい」「健康で長寿でありたい」「幸せでありたい」といった願いを持っていますね。しかし、実際にどうすればこれらの願いをかなえることができるのか、分からないのが実情でしょう。

誰に手を合わせているのか

信仰についても、同じようなことが言えます。

先祖に朝夕に手を合わせ拝む、神を敬う心のある人のことを、人は信心ある人、すなわち信仰者として評価します。もちろん、これらの行為は信仰としての大事なことではあります。

しかし、私たちには、それより先に、手を合わせ敬い、大事にしなければならないことがあります。これができていない人は、真の信仰者とは言えません。

それは、私たちの一番近い先祖は、父であり母であり、祖父母である、ということです。この大恩ある、生きたもっとも身近な先祖を大切にしないで、仏壇にまたはお墓に手を合わせ、神を敬っていたとしても、先祖や神から、何の功徳を得ることもない。もしかしたら家運の繁栄や子孫繁栄に問題が発生することさえあるかもしれません。


高齢者だけでひっそり生活しているという人が、近年あまりにも多いように感じます。こういった人たちには子供はいなかったのだろうか、たとえ子供がいたとしても何の理由で……、と疑問を持ってしまうことがよくあります。

皆さんに強調しておきたいことは、一番身近な先祖を敬愛しないで幸福などないということです。先祖を敬い神を敬う、そして生きた先祖を敬うことは、人として、信仰者としての大事な基本的なことであるというのをわかっていただきたいと思います。

幸せの三条件とは

修行する本当の目的は、信仰する目的と似ています。それは平和を願い幸せな人生を全うするといった意味です。先に述べた三つの願い、「豊かでありたい」「健康で長寿でありたい」「幸せでありたい」がそうです。このことが理解していただけたら、私は信仰なんてしないと言う人はいないほどだと思います。

さて、この三つの願いを叶えるには、いくつかの条件を満たしていなければなりません。それは、一番にお金、二番に健康、三番に精神問題となるでしょう。

この三つのうち一つでも欠けたら私は幸せだと言えなくなると思います。

幸せの三条件――一　お金

幸せの第一条件に、お金の有無が関わってきます。月の収入に対して支出の方が多ければ、当然、お金は貯まらないし、借金が増すことになります。そんなところから、無理と分かっていながらローンを組んでしまう。そのことでさらに苦しさが増してくるわけです。金銭問題で家庭崩壊、といった話も多いですね。

幸せになりたいならば、お金の管理を正しく厳しくしなければなりません。ローンを組む場合は、本当に必要性のあるものか、よく考えて決断しなければならない。

すべてのことについて言えるですが、犠牲、または我慢なくして、目標は達成できないのです。

幸せの三条件――二　健康

二番の健康についてお話をしましょう。

誰もが、失って初めて、その大事さを知るものがいくつもあります。健康もお金もそうです。

病気の大半は、長年の食生活が原因で発症します。脂質、糖質、塩分の摂取のしすぎのほか、喫煙、アルコール等による病気の発症例は多いのはよくご存じですね。

したがって、病気の元になる、食生活の管理が大事ということです。

しかし、少し回復に向かってくると、少しくらいは、と口にしてしまう……。

このようなことでは、病気平癒はとても無理です。

健康で長寿でいたいなら、ここでも我慢が大切です。我慢できなければ、健康維持は難しい。私は、相談に来られた方には、健康で長寿を全うしたければ、不退転の決心をしなさい、とお伝えしています。

私のところに修行をしたいと出家してくる人は多いのですが、まず守るべき十戒を授け、その中でも特に次の三つを厳守させます。

一、禁煙　二、飲酒　三、神仏の前で座布団に座ることを禁じる――特にこの三つの一つでも守れぬ者は容赦なく破門処理となります。

厳しいと思いますか？　そのとおり、求菩提修験の戒律は厳しいのです。

まず禁煙。厳しい修業の合間にちょっと一服したい……。しかし、出家得度して一生を掛けて修行する者に一服などというものはないのです。

また、飲酒によっての失敗談は多いですね。酒のせいで家庭崩壊、健康を害したという話は山ほど聞かれるでしょう。つまり平和を維持することは苦しいことでもあり難しくもあるということです。そのぶん、修行して克服した時のよろこびも大きいものです。

神仏に向かう時に座布団を禁じているのは、私の得た真理からです。私は大行満の地位にありますが、神仏の方が位が上であると悟っています。出家してから四十七年の間、一度も座布団に座っていません。

余談になりますが、私は出家する以前から酒、タバコは口にしていなかったので、出家した自分に活を入れる意味で、茶断を誓言しました。コーヒーも紅茶も、茶と名の付く食べ物も現在に至っても断っています。口にする飲み物は、もっぱら水だけ。

これからも続くと思いますが、このような頑固な性格を持ち合わせた自分に、自分でも呆れています（笑）特に茶のもつ効果は百も承知ですが、ただ決めたことを続けているのです。なので弟子には茶は禁じていません。

ちなみに私は健康管理としては、毎年人間ドックで検査しています。今年で三十回になります。また、二ケ月に一度、血液検査を受け健康をチェックしています。私の願いは、生涯現役行者でいたいということですので、健康維持もそれくらいやって当然と思っています。

幸せの三条件——三　精神問題

さて三番目の条件として、精神を病まないように自分をコントロールしなければなりません。お金があっても、健康があっても、精神を病めば幸せなどありません。しかし日常生活する中において、次から次へと諸問題が発生してきます。

夫婦間の問題、色事、酒、賭け事、恣意的な行動などからトラブルが発生し精神を悩ませます。

これらに加えて、子供の問題、お金の問題、心配事が加わり、次に人間関係のトラブルが神経をさらに悪化させます。

平和を保つために、常に精神を安定した状態に保つのは、並大抵のことではありません。


精神はつまり心です。精神を病めば、その心も四段階に変化していきます。それは、心配→心苦→心痛→心労　の順です。

最初の心配は、心を配るというところから、我々は常に心を配らなくてはならないということです。子供、老人、病人に常に心を配らなくてはいけません。しかし、さまざまな諸問題が日常発生して私たちを悩ませるわけです。


このような場合、その問題をポジティブに受け止めるのか、ネガティブにとらえるかによって、心が動き変化していきます。

人は往々にして、心配しても解決できないとわかっていても、そのことを心配するものです。そのことで寝られない、食べ物も喉を通らなくなる、それでも心配を続けてしまいます。

人は三日ほど睡眠が取れないと、脳が誤作動を起こし、そのことが言動に現れてくるそうです。こうなると、睡眠剤も効かなくなってきます。次の段階の心苦の世界に陥ったのです。

こんな状態が何日も続くと、今度は胸が苦しくなって、呼吸困難を起こします。人によっては救急車の出動となってしまうでしょう。心痛の世界に陥ったのです。もはや、心労で倒れる段階に入るのも時間の問題となり、人は倒れる……。

修験者は、精神安定を保つために、苦修練行をしますが、それは、人間の本来持っている本性、仏性を浄めて、小さなことに動じない精神を養っているのです。

修業の四段階

さて、本筋の修行について話してみましょう。これは一般の人にも通じるものです。まず、修行には、目的がしっかりしていないといけません。目的のない修行なぞ成立しないのです。

修行の目的は、大きく分けて次の四段階に分かれます。
一　精神修行
二　健康維持、病気克服

三　霊力向上

四　悟りを開くための荒行

修業の四段階――一　精神修業

滝に打たれている人、禊《みそぎ》をしている人、山を回峰している人、それらの人に目的を尋ねると、百パーセントが精神修行と答えます。しかし、精神修行そのものは、厳寒の滝に打たれたり険しい山々を回峰しなくても、日々、日常の生活の中で誰でも簡単に行えるものなのだということを理解していただきたいと思います。

だいたい、一度や二度、滝に打たれたり山を歩いたところで、精神の強化など望めるものではありません。

もともと人には、精神力の強弱はないのです。それでも、しっかりした人生の目標、指針、目的を持って、それに向かって日々努力している人は、誰から見ても精神力の強い人と評価されるのです。しかし、それらを持ち合わせない人は、精神力が弱いと判断されてしまうし、本人も、自分は精神が弱いと決めつけてしまうのです。

精神修行を行いたい人は、どんなに小さなことでもよいから、そのことから始めるとよいでしょう。

例えば、健康に良いこと、家族が喜ぶようなこと、社会のためになるようなことです。悪いと解りながら止められない、例えばタバコ、酒、賭け事その他は、「止める」と決心しなければ状況は前に進みません。決心すれば前に進みます。決心も不退転の決心が大事です。途中で止めてしまうようでは、最初からしなければいい。修行とは、続けるという意味であることを忘れないでいただきたいと思います。


仏教では、三密修行というものがあります。

三密とは、仏の身《しん》・口《く》・意《い》のことで、仏の身、口、意は浄まっているが、人間の身、口、意は汚れている、これを三業《ごう》と言います。その三業の身、口、意を浄め、仏の三密に近づこうとする修行が三密修行です。

まずはこの三密修行から始められることをお勧めします。修験者の修業をしたいと思う人で三密修業もできないようであれば、修行など考えない方がよいでしょう。

◎三密修行　十善戒

身《しん》　不殺生《ふせっしょう》　生きるものを殺さない。物を大切にして感謝せよ。
　　不偸盗《ふちゅうとう》　盗みをしない。時間、約束を守らないことも入る。
　　不邪淫《ふじゃいん》　男女の道を正しく保つ。家庭不和につながる。

口《く》　不妄語《ふもうご》　嘘をつかない。嘘は重罪である。
　　不綺語《ふきご》　大酒を飲まない。飲酒によって言動に重罪を犯す。
　　不悪口《ふあっく》　人の過ちを言わない。人間関係の悪化につながる。
　　不両舌《ふりょうぜつ》　他人の悪口を言わない。人間関係の悪化につながる。

意《い》　不慳貪《ふけんどん》　物惜しみをしない。余分な物は人に分け与えよ。
　　不瞋恚《ふしんに》　妬まない。下劣さが生じる。
　　不邪見《ふじゃけん》　仏様をお粗末にしない。両親、祖父母も含まれる。

以上の三密修行を実践して、人間の本性を磨くことが、精神の強化に役立つことと思います。

修業の四段階——二　健康維持、病気克服

二番の健康維持、病気克服の修行について。

「盲亀浮木《もうきふぼく》」という、億兆の難の諺《ことわざ》があります。これは、目が見えなくなった亀が百年に一度水面に顔を出すことがあり、その時に偶然、穴の空いた浮木の穴に首が入るという、まずめったにないこと、めぐり合うことの難しさの例えです。

私たちは、千載一遇の奇跡と言っても過言ではない確率で、この世に生を享けたのです。健康で長寿にて生涯を全うしたいの願いは、誰も同じでしょう。したがって、健康の者は、その維持のために修行し、病む者は、病気を治すために努力、修行するのが肝要です。

病気の原因が、脂質、糖質、塩分の摂取によるものならば、努力して減らさなければなりませんし、酒、タバコによるものならば、完全に断たないといけません。少し症状が良くなったから少しくらいならいいだろう、というような甘い考えでは、健康維持、病気克服の修行はまずできません。この修行も不退転で臨まないと成就できないということです。

私のところで、中学・高校も行かず長年引きこもりの子供を、修行を通して教育したことがあります。そんな彼に修験の修行を試みたのです。とても無理とは承知の上のことでした。しかし彼は修行に興味を持ったのです。

結果は驚くほどのものでした。並の大人の行者でも、深夜に霊山を一人で求菩提山を回峰することは難しいのに、彼は百日回峰をやってのけ、焼八千枚護摩修行も成満したのです。マスコミもこの一件を報じています。

焼八千枚護摩には、前行として二十日間、一日三座、一座四時間の修法をせねばならないのですが、彼は見事に結願の二十一日目で八千枚の護摩を焚き上げました。六時間猛火に立ち向かう荒行を、弱冠十八歳の青年が満行したのです。私の弟子の中でも八千枚を成満した行者は、彼以外にいません。

彼は現在、医大の四年生です。修験の修行に目覚めた者は、大人、子供問わず、日常の生活において結果を出しています。

ところで、精神を悩ます原因として、人間関係が圧倒的に多いようです。

長年私が人間関係の相談を受けて、最初にお話しすることがあります。相手の非を指摘する前に、まず自分自身に非があるかどうか反省していますか、ということです。

人間関係を良好に保つ第一の秘訣は、絶対に人の陰口、悪口を言わないことです。この陰口、悪口が、人間関係を悪化させているのです。

私たちは、つい物事を自己中心的に考えてしまう傾向があります。損か得か、そういうことに重点を置いて、少しでも不利なことがあれば不平不満を言い、陰口、悪口を言ってしまう傾向があるということです。

その他に、嘘を言わない、約束を守る、などいろいろなことに気を付けなければなりません。喧嘩や争論で勝っても負けても、徳を得ることはありません。虚しさだけが残るだけです。

徳のある人は、自分から徳を施しているものです。徳のない人は、徳を施していないのと、人が喜ぶようなこともしていないのです。

「和顔愛語」という言葉があります。

目はやさしく物事を見ましょう
耳はやさしく世間のことを聞きましょう

口はやさしく語りましょう
そうすれば、やさしい人になれるよ

やさしい人になれれば、必ず人がついてきます。商品が売れるのは、その商品が安いから買うという人ももちろんいますが、売る人が好きだから買う、ということもあります。人間に惚れるとも言いますね。

ちなみに私は、かつて腹を立てない、怒らないと決めて、それから三十年が過ぎました。なかなか辛いもので、私の修行の中で一番の難行ですが、腹を立てないよう努力することで、自然と言葉もやさしく語れるようになりますし、笑顔にもなれるものです。

三番の霊力向上、四番の荒行については、プロの行者が行うものであって、この本の趣旨とは違ってきますので、ここでは語らないことにします。

ビジネスで成功したいなら

私は、仕事についての相談もよくされます。そういう時はまず「成功したいなら、人の喜ぶことをやりなさい」ということからお話を始めます。

たとえば、これは私の弟子の男性の話ですが、こんな実践の例があります。彼はある大きな会社の系列の工場で働いていますが、ある時、定時より三十分早く出勤して、工場の周りの草むしりをやるように指示しました。それ以来、毎日早く出勤して、誰に言うでも頼まれるでもなく、黙々と草むしりをしたのです。

すると、やはり誰かが見ているものなんですね、しばらくすると会社の上の方から呼ばれて、まだ若いのにいち早く課長になってしまいました。

もちろん、草むしりをすれば課長になれると思ってやっていたわけではありません。ただただ、人が喜ぶことをやっていたら、そうなったということなのですね。

もう一つご紹介したいと思います。

ある若い夫婦が幼い子供二人を連れて山の中に入っていった。事業に失敗したので、子供を道連れに心中するつもりだった。

そんなことを知らない子供たちはおいしそうに弁当を食べている。

それを見て、男は妻に言った。俺はこれまで人が喜ぶことを何もせず、いつも自分のことだけ考えて生きてきた。この際、どんな小さいことでもいい、人の喜ぶことをしたい。そして男は妻子を待たせて山を降りた。

山里の農家を訪ねて、無償でいいから私に何か仕事をさせてほしいと頼んだところ、家主は喜んで、それなら便所の便を汲んで畑に撒いてほしいと言った。

男は初めて便を汲んだ。二つの木桶に汲み入れては天秤で担いで畑に便を撒く。そんなことを数回繰り返して作業は終わった。もともと死を覚悟した男に汚いという観念はすでになかった。汲み終えた便所も隅々まで綺麗に吹き上げ掃除した。家主は無償の約束にもかかわらず、男に無理やりお金を握らせた。男はそのお金を握りしめ、妻子のいる山に向かって走った。そして大声で叫んだ。

もう死ななくていい！

その後、この出来事からヒントを得て、夫婦はリヤカーに肥桶を積み家々の便を汲んで廻る仕事を始めた。汲み終わったら便所の掃除をするサービス付きで。

これが評判となり大成功していくのである。彼は後に大富豪となり、日本衛生協会初代会長に就任している。

これは私が若い頃に本で読んだ話で、よく人前でお話ししたり前著にも書きましたが、私のやる気の原点になっています。

死ぬ気になれば、何でもできます。人を喜ばせ、感動させてこそ、成功に向かって進むことができます。

人間には大事な気が三つあります。「やる気＝勇気」「する気＝情熱」「こん気＝努力」です。勇気がなければ前進することはできません。自らの情熱がなければ物事は進展しません。そして努力で続けることができなければ物事を成就できません。

そしてもう一つ大切なのは、「気迫」です。悟りを得たいとか霊験を高めたいという「志」だけでは、途中の苦しさに負けて最終的には通用しません。これは私たち修験者の命がけの荒行の世界の話だけではなく、皆さんの仕事や生活の中での修業でも同じように大切なことです。

大事な三つの気、「やる気」「する気」「こん気」を養い、気迫を持ってそれぞれの目標へ前進し続けていただきたいものです。

(3) 修験道を志す修業の世界へ

道幸　山田師匠から伺った日常生活での修業は、自分の人間性を鍛えてビジネスの足腰を鍛えるというプロセスと捉えると、ビジネスにおいて非常に重要なことだとより身近に思えてくるのではないでしょうか。

さて最後は、本格的に修験道を志す人、入門した人を想定した修業のことについて伺ってみたいと思います。一般の読者は自分とは関係ない世界のことと感じるかもしれませんが、ぜひご自分のビジネスや人生に活かせないだろうかという意識で読んでいただきたいと思います。

修験道を目指す指針

修験者は山伏とも言われますが、山伏とはもともと「山に臥《ふ》す」という意味で、山野に野宿することから来ています。そこから、山野、河水に入り修業する仏教僧侶のことを指すようになりました。そして修験者のことを指すようになったのです。

山伏の多くは、不動明王を本尊としています。不動明王の名は、発祥のインドでも山岳の主という意味に解かれていることから、山岳信仰の修験道の本尊にふさわしいものと言えます。もっとも、修験者は僧侶ではなく、行動と実践による求道者ですから、僧侶とは修業への入り方も違ってきます。

以下、初心者が本格的な修業を始める際に実施すること、学ぶことをご紹介します。

礼拝加行の修業

まず、修験者の本尊、不動明王に受け入れていただくために、礼拝加行の修行があります。この時の礼拝は五体投地で行います。

○南無帰命頂礼大聖不動明王、慚愧（恥じ入る心）懺悔（反省する心）六根罪障滅徐煩悩滅徐業障　一回の礼拝を一〇八反、計十回繰り返して行う。

○二十一日間の護身法加行、初心者には大事な修行である。護身法を被る、印、その意味等を授かる。護身法の印契を結んで真言を唱えても、その真言のもつ意義が解からないと、法力として通用しないのである。

○前さばき修法の伝授

○　経典の読み方

入峰修行守則

これは、山に入って修業するにあたり、修験者が必ず守るべき原則を謳ったものです。

敬神崇祖　神明を敬い、祖先を崇め敬虔（深く敬う）な心を持つべし

至心熱祷　一心高声を以て勤行し、至誠祈願の熱祷を捧ぐべし

抖擻《とそう》浄心　峰中十界修行の趣旨を、体、心身の浄化向上を図るべし

耐難精進　艱苦に耐え進んで行う、旺盛なる気魄を充実すべし

知足謝恩　感謝報恩の念に住し、いささかも不満の態度あるべからず

礼節和合　先達を敬い、同行相たすけ一致団結、和気あいあいたるべし

規則節制　先達の命に悦服し、恣意（勝手な）の行動なく規則を守るべし

十界修行

入峰修行においては、次の十界《じっかい》、一番下の地獄から最上の仏までの各段階を修行してゆき、大きな人としての力を体得することを目指します。

一　地獄行　地獄は八寒八熱の苦界である。入峰修行において炎熱に汗を流して苦しみ、風雨、冷寒をしのいで耐えることは、地獄道克服の修行である。

二　餓鬼行　餓鬼は貪欲飽くことなく、しかも飢渇に苦しみ、入峰修行において空腹を感じ水に渇し、しかも不平不満を訴えず、また粗食に甘んじて足るを知る修行は、餓鬼道克服の修行である。

三　畜生行　畜生は重い荷物を負って苦役に使われる。入峰修行は重い荷物を

負って嶮坂を登ったり嶮岨を渡って労苦を厭わず。これ畜生克服の修行である。

四　修羅行　修羅は闘争を好む。この心を絶えず精進努力する進取の精神に転ずる。山中で人に遅れないよう努め、奮発の心を起こすと、これ修羅克服の修行である。

五　人間行　人間行とは、心の罪垢煩悩を洗い清め本然の心に生まれ変わることである。懺悔をなし、悪をやめ善に向かうことである。懺愧懺悔六《ろっ》根清浄《こんしょうじょう》と高い峰を仰いで進むは人間である。

六　天道行　天は歓喜の世界である。入峰修行において、山頂に登り眺望を楽しみ歓喜法悦に満ち、寿命延年の思いをするは、天道行である。

七　声聞行《しょうもんぎょう》　先達に従って法を聞き、仏道を理解することは声聞行にあたる。峰中の行事等を先達に聞いて通達することは声聞行にあたる。

八　縁覚行《えんがくぎょう》　縁覚行は沈思行である。雲の浮動するを眺め水の流れ、山の風の音を聞き、自然の縁に触れて悟る。山の語る大自然の声を聞き、無明《むみょう》煩悩を振り落とすのである。

九　菩薩行　菩薩行に六波羅密《ろくはらみつ》行で一切道徳皆菩薩行であるが、登山においては同行、相たすけ、上には高い理想を仰ぎ、下には新客を導き利他化益の奉仕をなすのである。

十　仏行　仏行は、感謝行である。真に大自然の威力の中に溶け込み、自ら仏性、仏心の湧き出でて、感恩精進充実し、世界平和、浄仏国土を祈念するのである。

六度の実践

十界修行の内でも、菩薩の六波羅蜜《ろくはらみつ》行というのが、最も肝要な修行です。六度《ろくど》ともいい、次の六つが身に付き体得できたら彼の岸、すなわち悟りの世界に渡るということです。この実践はなかなか容易ではありませんが、入峰修行でその修練を積むところに意義があるのです。

一　布施行《ふせ》　道中の霊場、行場等で先達がその歴史や由来を語り、宿所で法談を行うのが法施《ほうせ》であり、空腹の同行者に食べ物を分け、渇した者に水を分け与えるのが財施《ざいせ》（物施《ぶっせ》）である。また、重い荷物で苦しんでいる者の荷物を分け持ってやり、疲れて登るに困っている者を押してやる、これは布施行のうち無畏施《むいせ》である。

二　持戒《じかい》　道中先達の指示を守り、礼儀作法を重んじ、規律正しく修行するところに持戒の行がある。

三　忍辱《にんにく》　暑いから、空腹だから、疲れたからなどと勝手を言っていては修行できないので、よく苦しさを耐え忍んで辛抱して護りあって修行の旅を続けるところに忍辱の行がある。

四　精進《しょうじん》

精進というのは、精神を込めて努力することである。肉魚食を断つことを精進というが、これは粗衣粗食をもって努力することから起こったが、肉魚を離れ、清浄な気分で修行に専念する、ここに精進行がある。

五　禅定《ぜんじょう》

禅定には、心を一所に定め散乱せしめないことである。入峰修行で断崖絶壁を登る時、金や女のことを考えていてはできない。一心に仏を念じる心を一つにしてこそ、これを成すことができる。

六　智恵

この智恵は、因縁の道理を知り、仏の心を知る正見《しょうけん》の知恵である。入峰修行に当たっては、私欲や邪見を離れ、心本来の面目に立ち還ることができるから、山は正見、智恵を磨くに適している。

私たち修験道を志す者は、このようにして大自然の懐に分け入って十界、六度の世界を体験し、不健康な都会生活の塵を拭き払って健全な心身を練り、人格の向上、実行力の涵養を図って、人間道の確立を目指して真剣な修養を積むのです。

最初に決める

修業を始めるにあたり重要なのは、修業すると「決める」ことです。「決心」あるいは「発心《ほっしん》」とも言い、やると決めることが修業の原点になります。

苦あれば楽あり、修業は苦しいことの連続です。それを乗り越えてこそ楽、地獄を乗り切った先の浄土にたどり着きます。しかし、何がなんでも浄土に行くのだと自ら決めなければ、途中で脱落してしまうものなのです。

なお、実際に入門するには、何もかも捨ててしまわねば弟子にはなれません。それこそ裸一つになるまで持ち物もお金も人間関係も、すべて捨ててしまわなければ。

家も車も会社も捨て、親友とも別れて、本気で欲心を捨てて、背水の陣を取って飛び込んだ時に、本当の意味で入門できることになる。出家の修業とは、そういう厳しい世界なのです。

求菩提山修験道と山田龍真・修業の世界

求菩提山と修験道

求菩提山《くぼてさん》は九州北東部、豊前市南方にあり、英彦山（標高一二〇〇メートル）とならび、いわゆる英彦山《ひこさん》六峰の一角を成している。

釣り鐘を伏せたような優美な姿である。標高は七八二メートルと高い山ではない。しかし近づくにつれ岩や急斜面の多い山肌が見えてくると、遠目の印象とは異なる険しさに、ここが修験の山とわかりはじめるという。

奈良時代、開祖・役行者《えんのぎょうじゃ》（役小角《えんのおづぬ》）により創始された修験道は、平安時代からの神仏習合を背景に展開し、江戸時代まで全国に広がっていた。

英彦山は通称「天狗の山」として、東北の

求菩提山
胎蔵界の山とされる。

羽黒山《はぐろさん》や奈良の大峰山《おおみねさん》と並び、修験の三大勢力のひとつとして興隆を極めた。

求菩提山の縁起では、仏教伝来以前、継体天皇二十年（五二六）に猛覚《もうかく》魔卜仙《まぼくせん》が開山したという。後に役行者が修験を伝える。養老四年（七二〇）には護国寺が置かれた。

その後、十二世紀半ばに中興の祖、頼厳上人《らいげん》が出る。頼厳は大分県宇佐の人で比叡山に学び、その霊験を見込まれ宮中に参内し玉体加持（天皇への加持）や降雨祈願護摩祈祷など中央で活躍する一方、宣旨を得て求菩提山の堂宇を修復した。その折りに頼厳が奉納した銅版法華経は、現在国宝となっている。

平安末期までの求菩提山修験道は英彦山に属していた。その後、英彦山から分離して幕末まで天台宗の京都聖護院直属であった。

明治維新後、明治元年に神仏分離令、五年に修験道禁止令が出されると、世に排仏毀釈の嵐が吹き荒れる中、求菩提山修験道も大きな打撃を受け、往時は多くの坊を数えた山は、長い眠りに入ることとなる。

第二次世界大戦後、日本の修験道は新しく出発することになるが、求菩提山の修験道は依然として起きることはなかった。

昭和五十五年、求菩提山に入り行をした一人の修験者がいた。山田龍真である。山田は求菩提山頂に建つ国玉神社の軒下で七日間の断食を行い、一万巻の般若心経を読誦した。

この行のことをマスコミはこう報じた。

「修験道の山、一一六年ぶりに蘇る」

土中即身成仏行

かつて求菩提には「土中行」という即身成仏行があったといい、それに挑戦した。

即身成仏といえば羽黒山のミイラ仏が有名だが、求菩提では七日後に救い出されて生まれ変わる「擬死再生」の行である。

多くの人の激励と見送りを受けながら石窟に入り、入り口は石と粘土で封印された。

半畳ほどの真っ暗な空間で七日間、ただ読経に専念する。

当初の予想とは違い、季節外れの寒波による寒さ、窟内の狭さによる身体の痛み、降り出した雨による水の浸入とさらなる寒さ。そして闇の中ゆえ時間感覚がなくなる……。

寒さから始まった体の震えはやがて痙攣になり、仮眠も取れなくなった。目も閉じられなくなる狂気的な状態が訪れ、幻覚を見た。

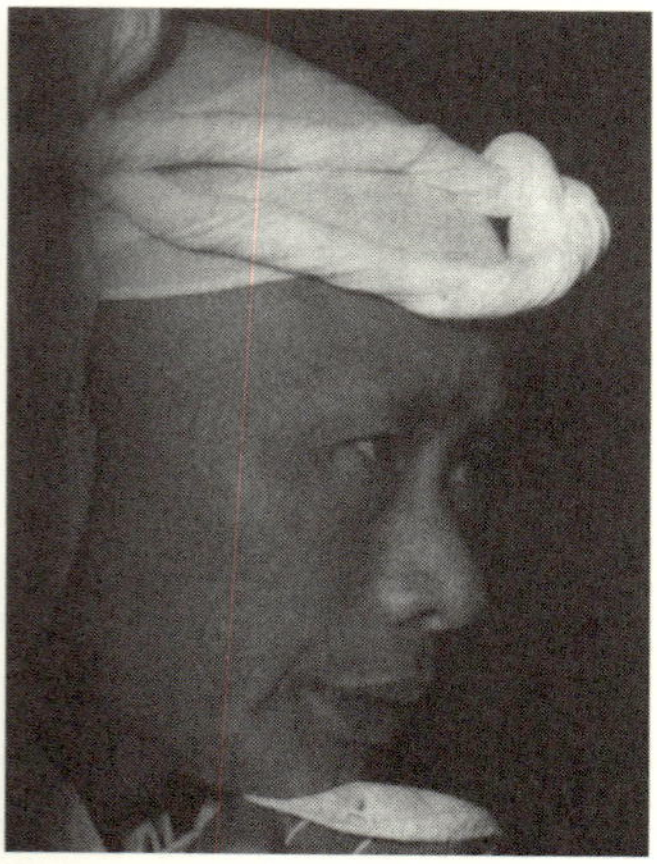

即身成仏行に向かう

即身成仏行の石窟
写真中程の石積みで石窟を密閉した。
秘密裏に進めていた計画だったが新聞の知るところとなり、石窟に入る時はマスコミも来て大騒ぎとなった。

石窟内部
高さ 1.5 メートル、広さ半畳の空間。
密閉されてから 7 日間、暗黒の中でひたすら読経するのである。
胎蔵界の山といわれる求菩提山には、母の胎内の闇に戻り再び生まれる行はふさわしいのかもしれない。

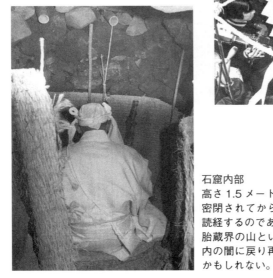

気付くと、幻覚は続いていたが、体力がなくなったからか痙攣は消えていた。

「あと一時間で出します」突然、声がした。入り口を封じた壁を壊す音が始まり、大きくなっていく。目隠しをして、その時を待つ。

石窟から助け出され、闇の百六十八時間は終わった。窟を出て自分では歩けないことがわかったとき、はじめて自分の肉体が生きて、ここにあるのだという感覚が蘇ってきた。

擬死再生の瞬間だった。

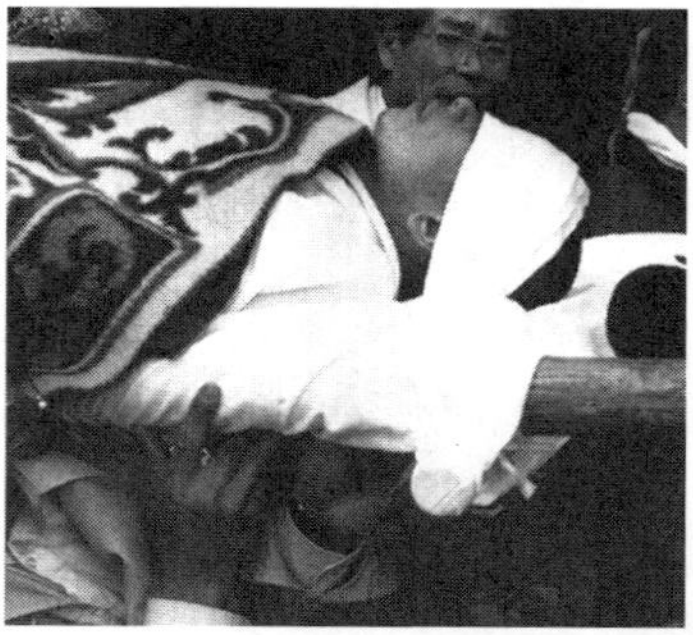

擬死再生　即身成仏満行

千日回峰行

比叡山の千日回峰行は高名であるが、求菩提山にも千日行が伝わっていた。その違いは、比叡山は年に百日ないし百五十日の行をおこないながら七年かけて千日を達成するが、求菩提では千日をぶっ続けでおこなう。

千日の間、毎日山頂の国玉神社の権現に華と水を供え、真夜中に山中三十一ヵ所の礼拝所を巡拝。一定の場所に籠もり、何があっても山から出ることは許されない。

その過酷さゆえ、頼厳上人が始めて七百年以上の歴史で年に一人ずつ行に入ったが、頼厳上人から明治の林光坊までの間に満願を迎えた者は十七人しかいないという。

山田は古くから伝わる掟に、一日千枚の護摩修法と、昔の巡拝より八キロ長く歩くことを加えて行に挑んだ。

ここでも試練の連続であった。山は容赦なく試してくる。いわゆる「行試し」である。九十八日目。深い雪の中、石段を数十段にわたり滑落。脚が動かなくなるほどの激痛。

翌日も腫れが引かない。雪の階段を仰向けになって這いつくばって昇り降りするのがやっと。それでも毎日回峰せねばならない。護摩を千枚焚かねばならない。しかし、もう力尽きてしまった。携えた短刀を抜き、自ら死を選ぼうとしたその瞬間、「まだ百日目だろうが！」と、どこからか声がした。

ハッと我に返る。そして一旦リタイアして最初から行をやり直そうと決めた。心が落ち着き体の力が抜けて、眠りについた。

翌日、不思議なことに、一夜にして腫れが引き、痛みもなく歩けるようになっていた。

求菩提山が受け入れてくれたのだろうか。そこからまた千日行は続いていった。

九百日目あたりに起きたある騒動のために精神的に疲れることもあったが、一気に最終日まで進むことができた。


最終日、午前零時から最後の結願（けちがん）護摩が始まった。

そして最後の巡拝。延べ一万五千キロにおよぶ深夜の巡拝が終わる。

締めくくりとして結願作法、そして結願式が、天台宗、真言宗から七十人の行者が参列して盛大に行われた。

こうして求菩提修験者として百十六年ぶり、十八人目の大行満が誕生したのである。

千日行の間、寝起きし護摩を焚き続けた常行堂

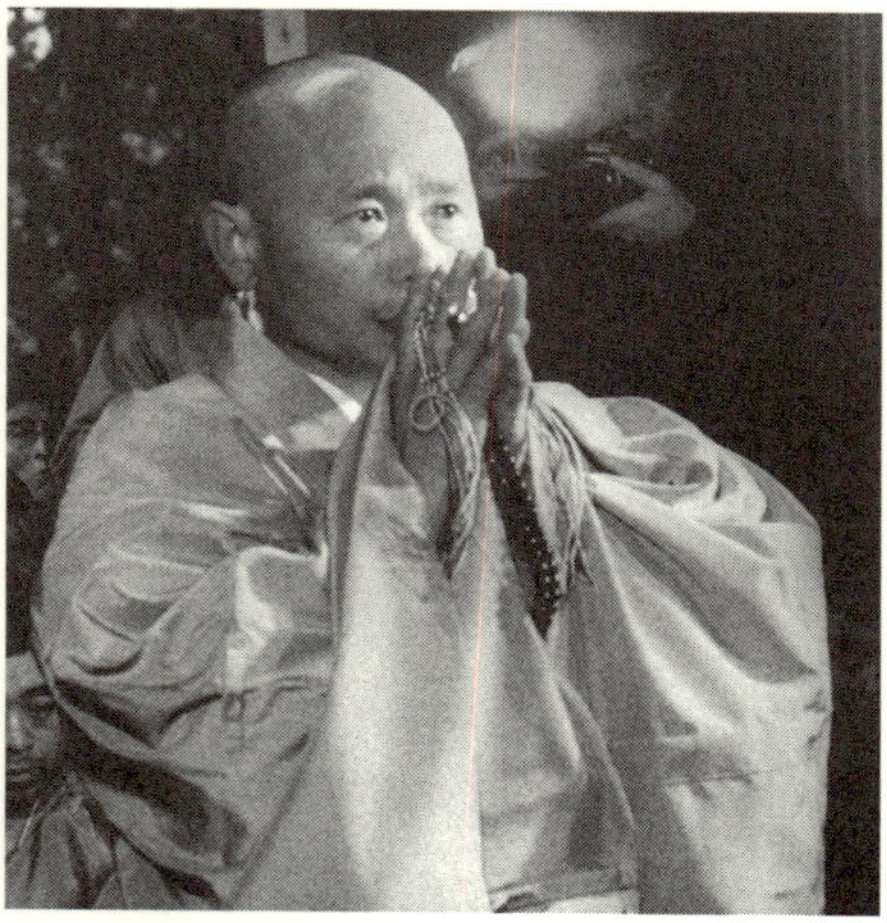
千日行開白

深い雪の中も、毎日進む。
気温がマイナス15度ともなると、滝すら凍った。

閼伽水井戸にて水を汲む

千日行開祖頼厳尊者の碑

求菩提六峰を望む

護摩供
常行堂で毎日一千枚の護摩木を焚く。
千日続けて、延べ百万枚、二千時間。
想像を絶する世界である。

千日行満行祭典
結願式は、求菩提山が天台宗の山のため天台修験の本山・京都聖護院の門跡代行が見聞役、山田が真言宗のため真言宗の法現大僧正が総奉行、天台宗の柴田覚仙僧正が奉行を勤め、天台宗・真言宗両派から七十人の行者が列席して盛大に執り行われた。

百日山籠り

求菩提山の縁起の中に洞窟に百日間籠もって修業した行者の記録はない。

不動窟に籠もり、一日に般若心経を五百巻唱え、百日間で五万巻を達成した。

国家平和、求菩提山仏法興隆を祈念し、信者等の身体健康、無病息災を念じるのである。

食事は朝夕、切餅二個ずつに梅干し一個。下山時、体重は十四キロも減っていた。

不動窟は標高六〇〇メートルにあり、北面を向き、一日中日が当たることがない。北風が吹き込む冷たい地べたに十時間座り読経し続けるのである。

風呂も百日間入らず着の身着のまま、まさに難業苦行そのものであった。

不動窟にて般若心経五万巻転読

百日間焼百万枚護摩供

実は、不動窟での百日山籠りの目的は、千日行でぶつかった「迷いの壁」を崩すためのものでもあった。身ひとつで挑んだ極限状態の荒行の中での体験を境に、ついに迷いを消すことができた。

そのことに感謝し、焼百万枚という、日本の修験史・密教史に例のない壮絶な護摩供を敢行したのである。

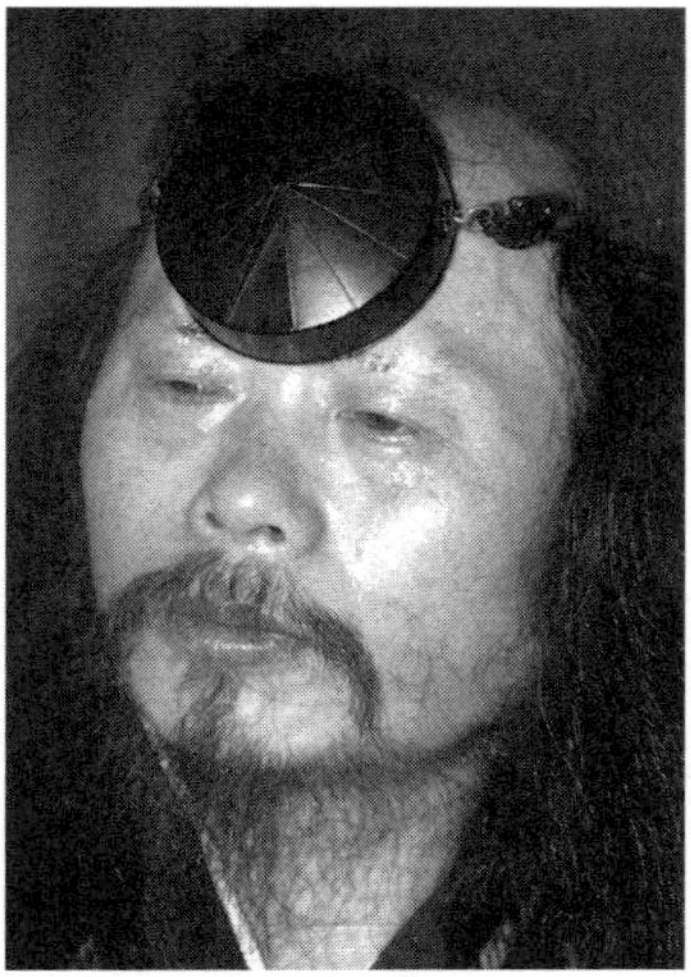

焼百万枚護摩供　達成の瞬間

一日一万本ずつ、九時間かけて焚く。延べ九百時間、百日におよぶ大護摩である。

百日間、灼熱の護摩壇で護摩を焚き続ける。不動明王と一体化した「熱いけれど熱くない」境地でただひたすら、ロボットのように自動的に焚くのである。

結願の日、その姿を見た師匠の法現坊は人に「よく見よ、山田のあの姿こそ、まことの不動の姿ぞ」と言ったという。一度も褒められたことのない師匠の言葉は嬉しかった。

焼百万枚を達成した瞬間、酸欠状態で倒れてしまった山田の手を握ったのは師匠だった。「ようやったのう。もう無茶するな。これ以上やったら、本当に死んでしまうぞ」

かつて「山伏は山で死ね」と言い放った鬼のような師匠の目には涙があった。

長かった修業がもうじき終わる予感がした。

第3章

修験道のパワーと叡知をビジネスに活かす実践ツール

山田龍真 監修

修験道で使われているお経や作法から、ビジネスの改善に活かしたいものをご紹介します。初公開の秘伝や高度なものもあります。本来は厳しい修業を通して身に着けていくべきものばかりですが、この本で出会った機会にぜひ目を通してみてください。

(1) 不動明王真言

真言《しんごん》とは、マントラとも言い、仏様を称えたり功徳をいただく力のある言葉として大切に使われてきました。ここでは本書の内容と特に関係の深いお不動さん（不動明王）のご真言を掲載します。

お不動さんは護摩の火で私たちの煩悩や穢れを焼き払ってくれます。本書付属DVDでも、炎の向こう側に不動明王の像が見えます。

（小呪《しょうしゅ》、一字呪）

ノウマク　サンマンダ　バザラダン　カン

（中呪《ちゅうしゅ》、慈救呪《じくしゅ》）

ノウマク　サンマンダ　バサラダン　センダンマカロシャダヤ　ソハタ

ヤ　ウンタラタ　カンマン

（大呪《たいしゅ》、火界呪《かかいしゅ》）

ノウマク　サラバタタギャテイビャク　サラバボッケイビャク　サラバ

タタラタ　センダマカロシャダ　ケンギャキギャキ　サラバビギナン

ウンタラタ　カンマン

(2) 般若心経

般若心経は、仏教・修験道で宗派を問わず幅広く上げられる有名なお経ですので、ご存じの方も多いことでしょう。

求菩提山修験道でも、護摩の時や山に入った時など折々に上げられます。

初めて見たという方は、この機会に覚えてみてはいかがでしょうか。

佛説《ぶっせつ》摩訶《まか》般若《はんにゃ》波羅蜜多《はらみた》心経《しんぎょう》

観自在菩薩《かんじざいぼさ》　行深般若波羅蜜多時《ぎょうじんはんにゃはらみたじ》　照見五蘊皆空《しょうけんごうんかいくう》　度一切《どいっさい》

苦厄《くやく》　舎利子《しゃりし》　色不異空《しきふいくう》　空不異色《くうふいしき》　色即是空《しきそくぜくう》　空即是《くうそくぜ》

色《しき》　受想行識《じゅそうぎょうしき》　亦復如是《やくぶにょぜ》　舎利子《しゃりし》　是諸法空相《ぜしょほうくうそう》　不生不滅《ふしょうふめつ》

不垢不浄《ふくふじょう》　不増不減《ふぞうふげん》　是故空中《ぜこくうちゅう》　無色無受想行識《むしきむじゅそうぎょうしき》　無眼耳《むげんに》

鼻《び》舌《ぜつ》身《しん》意《に》　無《む》色《しき》声《しょう》香《こう》味《み》触《そく》法《ほう》　無《む》眼《げん》界《かい》乃《ない》至《し》無《む》意《い》識《しき》界《かい》　無《む》無《む》明《みょう》
亦《やく》無《む》無《む》明《みょう》尽《じん》　乃《ない》至《し》無《む》老《ろう》死《し》　亦《やく》無《む》老《ろう》死《し》尽《じん》　無《む》苦《く》集《しゅう》滅《めつ》道《どう》　無《む》智《ち》
亦《やく》無《む》得《とく》以《い》無《む》所《しょ》得《とく》故《こ》　菩《ぼ》提《だい》薩《さっ》埵《た》　依《え》般《はん》若《にゃ》波《は》羅《ら》蜜《み》多《た》故《こ》　心《しん》無《む》罣《け》
礙《げ》　無《む》罣《け》礙《げ》故《こ》　無《む》有《う》恐《く》怖《ふ》　遠《おん》離《り》一《いっ》切《さい》顛《てん》倒《どう》夢《む》想《そう》　究《く》竟《ぎょう》涅《ね》槃《はん》
三《さん》世《ぜ》諸《しょ》仏《ぶつ》　依《え》般《はん》若《にゃ》波《は》羅《ら》蜜《み》多《た》　故《こ》得《とく》阿《あ》耨《のく》多《た》羅《ら》三《さん》藐《みゃく》三《さん》菩《ぼ》提《だい》　故《こ》
知《ち》般《はん》若《にゃ》波《は》羅《ら》蜜《み》多《た》　是《ぜ》大《だい》神《じん》呪《しゅ》　是《ぜ》大《だい》明《みょう》呪《しゅ》　是《ぜ》無《む》上《じょう》呪《しゅ》　是《ぜ》無《む》等《とう》
等《どう》呪《しゅ》　能《のう》除《じょ》一《いっ》切《さい》苦《く》真《しん》実《じつ》不《ふ》虚《こ》　故《こ》説《せつ》般《はん》若《にゃ》波《は》羅《ら》蜜《み》多《た》呪《しゅ》即《そく》説《せつ》呪《しゅ》曰《わつ》
羯《ぎゃ》諦《てい》羯《ぎゃ》諦《てい》　波《は》羅《ら》羯《ぎゃ》諦《てい》　波《は》羅《ら》僧《そう》羯《ぎゃ》諦《てい》　菩《ぼ》提《じ》薩《そ》婆《わ》訶《か》　般《はん》若《にゃ》心《しん》経《ぎょう》

(3) 修験道加持秘文

古くから口伝されてきた秘文です。悪霊に憑依され具合が悪くなったり精神状態が異常になった人に対して行う加持で用いられます。山伏は憑依された人に向き合い、腰元につけた刀を一寸ずつ抜きながら「一寸抜けば…」と唱えてゆき、憑依している存在を追い詰め、最終的に元いた場所に帰ってもらうのです。

夫《そ》れ、某《それがし》の腰元より取り出す剣《つるぎ》は、獅子奮迅の法剣也《なり》、一寸抜けば金剛界の悪魔を払う、二寸抜けば胎蔵界の悪魔を払う、三寸抜けば三十三身の悪魔を払う、四寸抜けば四十四骨身の間まで残さずに払う、五寸抜けば五臓六腑《ごぞうろっぷ》の悪魔を払う、六寸抜けば六根清浄《ろっこんしょうじょう》、禊《みそぎ》を払う、七寸抜けば天地四方《てんちしほう》の悪魔を払う、法剣抜き持ち加持する時は、いかなる天魔外道なりと言えども、此《こ》の身《み》、この躰《たい》に憑依《ひょうい》するべからず、若《も》し死霊《しりょう》の障《さわ》りならば、元のお塚に還着《げんじゃく》ならしめ給《たま》へ、死人の障りならば、元のお墓、位牌に還らせ給へ、人の因縁、気魄、魂ならば、元の本人に還らせ給へ、山種族《やま》、狐狸《こり》の障りならば、元の御山に還らせ給へ、河、岬、邪神の障りならば、元の岬に還らせ給へ、此の身に憑依する処《ところ》の悪鬼、悪霊は立ち処に、これより東、枯淡《こたん》が長者、古き館に還らせ給へ喼急如律令《きゅうきゅうにょりつりょう》

(4) 求菩提山秘文

正しく唱えることで魔物を退散させるほどの大きな力を持つ秘文です。代々伝わる秘文をベースに山田龍真師匠が完成させたものです（一部に英彦山秘文を引用しています）。

抑々《そもそも》、求菩提山白山大権現、御本地大日如来、衆生法身、聖躰を隠し不動明王と現ず、慈悲心、深く重きあまり、一切衆生の願いを円満せしめんが為、仮りに天狗と顕わるる。天行非行二夜又は大日同躰薬師佛、不動尊也、日夜衆生の心想に依り、善悪無にして信心深浅によって感応霊験降す事、新たなり。

抑々、天狗は魔界俗佛界也、一念三千丈大世界を遊辺し、末には山河に草木を元として自由自在に神通鏡の如くし、又、此《こ》の故に災いを除き、驕慢の行者を誘引して、三妙六通神変不思議を顕す事、処生を越えたり、されば天狗修行には、貴賤を集め界業を妨げ、しばしば火を放って風気起こり、魔慌前に楼閣《ろうかく》会向《えこう》消耗し、冬時に雷電を鳴らし、炎天に施風を起こし山頂に船を浮かべ、夏天に氷雪を降らし、火を水と為し、水を火と為す、又、或る時は草刈童子を誘引して、唐天竺までも見せしむ、是に逆く輩には、万事障化を為し、法身を妨げ知恵に文殊の如く弁説をふるうなり、時には色を変え姿を変え扶相変化して大先達の姿となる、山にも人にも、しばしば児神と化して、蓮糸にも隠れ比丘《びく》の形相《ぎょうそう》を現し、種々三印を顕す。吾れを信ずる輩は、一騎当千也、数万の軍衆の中に居ても、勇を揮う事、一国の主たるの如く、此の故に福徳を与えず、須達月界《しゅだつげっかい》にも遊ぶべき也、軍門の矢先には、勝利を与え、論争の庭には、兵法の奥儀を授け、総じて七難、ことごとく退散せしめ、衆生に高顕門せられ、貴賤に厚く尊敬せられ、皆、是れ天狗の護り也、一恭一礼する時は、俄《にわ》かに難を退け、闇夜に灯火船中を得、飢餓の砌《みぎり》には、飯食を授け、遠路にも疲れず、船中に順風を吹かすが如し、幼きが父に頼る輩には悉《ことごと》く秘文を知る事、左の如し一恭一礼いかにするや。信ずるや、求菩提国玉宮《くにたまぐう》より鬼神社金比羅《ことひら》神社、釈迦窟、大日窟、普賢窟、多聞窟、吉祥窟、阿弥陀窟、龍門不動窟、一ノ丘、二ノ丘、釈迦丘、犬ヶ丘を悉く徘徊し帰って阿字門に入る、大天狗、小天狗、十二天狗、四十八天狗、総じては一億五千躰の天狗を立ち所に現し、祈る処、奇得霊験見せしめ給う、南無白山大権現、求菩提大権現、南無大天狗、小天狗、あるまや天狗数万騎ソワカ。

(5) 九字切りの行法と秘伝

九字切りをご存じでしょうか。忍者の映画などで「臨兵闘者皆陳烈在前」の九字を唱えながら縦・横に印を切っていく姿を見たことがあるかもしれません。これはもともと修験道に伝わる行法で、古来、様々な場面で使われてきました。以下、山田龍真師匠による解説です。

①九字の切り方と秘術

九字《くじ》は修験者にとって重要な修法の一つです。修験者の行法をみると、この九字切りが多く行われています。

その九字とは、祈念する時、縦に四回、横に五回、空に線を引くように切るものです。この九字も、後には、梵字に転化したものなどが出来、梵字を空に描き祈念するようになったものもあります。

求菩提山文書の中に「淵に入る時も、穴に入る時も、入土する時にも九字を切る」

わかります。

とあります。また「辻々で九字を切る」などともあり、古くから使われてきたことがわかります。

修験者は九字を、ある一種の護身法として用いた場合が多いようです。「護身法、歓喜院」とある文書の中に「軍陣と出る時と出行の時、出陣馬の足位と謂、此の事」とあります。出る、行く、入る、ということは、身を護ることにつながり、そこに九字が用いられているのです。そのことは「息災増福、降伏の時、我が身護在」と書かれており、また、九字の想定には「是れ三身即一」とあります。

三身とは法身、報身、応身を指すものですが、九字を護身術とみると、我が身を不動の化身と想定する修験者には、九字を切ることによって「我が身は不死身なり」と想定できたのでしょう。

九字を唱える時、正しくは、外縛印《げばくいん》（合掌した人差し指から小指までを深く組み合わせる）で唱え、日に向かうのです。日に向かうとは日天に向かう意になります。外縛の印は八指八字を意味し、二大指（左右の親指）を合わせたものを一字として、合わせて九字を指しているということです。

この九字切りの修行においては、毎日、朝日に向かい九字九反を読んで九回切ります。外に百反切り、千反切りの修行もありますが、これを成満している者は、私以外に、求菩提修験者にはいません。

②九字の切り方

臨《りん》兵《びょう》闘《とう》者《しゃ》皆《かい》陳《ちん》烈《れつ》在《ざい》前《ぜん》

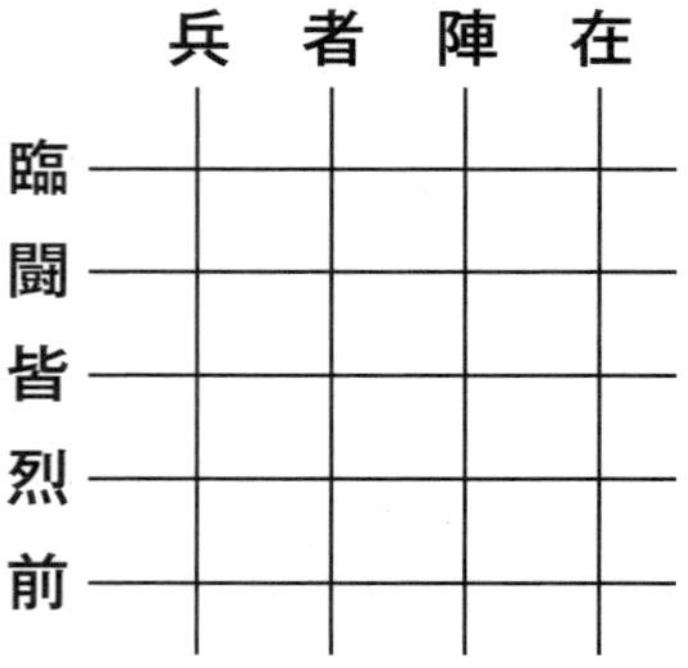

刀印によって、各所に切る

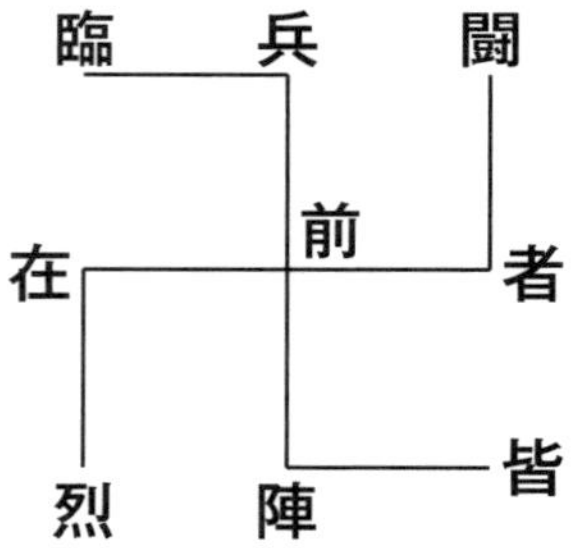

臨	兵	闘
在	前	者
烈	陣	皆

③九字と印・方位・本尊の関係

九字	印	方位	本尊
臨	大鈎印	艮《うしとら》	多聞天
兵	小鈎印	卯《う》	妙見
闘	内獅子印	巽《たつみ》	荒神
者	外獅子印	子《ね》	天照大神
皆	外五古印	中央	日天
陳	内縛印	午《うま》	八幡
烈	日輪印	乾《いぬい》	弁財天
在	智鈎印	酉《とり》	月天
前	宝印	中央	愛染

九字の本尊は摩利支天ですので、九字を切る時には「オンアニチャマリシエイソワカ」と九反唱えます。

この九字はもともとの出発点は中国ですが、日本修験文化の中に大きく育ったものです。九字を切ることによって、精神を凝結させ不死身の行動が生まれ、術を生んだものと思われます。

④陰陽道と修験道における九字の本尊の対応

（右：陰陽道　左：修験道）

九字	陰陽道	修験道
臨	天照皇大神宮	毘沙門天
者	加茂大明神	不動明王
烈	丹生大明神	阿弥陀如来
兵	正八幡大神	十一面観世音
皆	稲荷大明神	愛染明王
在	日天子	弥勒菩薩
闘	春日大明神	如意輪観世音
陣	住吉大明神	聖観世音
前	摩利支天	文殊菩薩

⑤九字を戻す秘密法

オン、キリキヤラハラハラフタランバシソワカ　三反
オンバザラトコシャコク　弾指三反
空に向かって大きく弾指

⑥九字の大事

九字は、一大事として容易に発表するものではありません。悪用の恐れがあるからです。

この九字は、元来、仙術の書に出て、陰陽道においては一大事とされてきました。修験者は九字を切ると称して、厄、悪魔を払うに神変不可思議の功徳霊験あるものとされてきました。気合術というのも、この一種一部と見てよろしいでしょう。

一般の人から見れば、九字を切るとか、印を結ぶとか、呪を唱えるとか言っても、わずかに指や口を動かすくらいのことで何でそんな不思議な効果があるものか、それはどうせ野蛮の遺習に過ぎない、と切り捨てる向きもありますが、それは実にあさは

かな、無知に基づいた考えです。そもそも人間は、宇宙の縮図であり、大霊の分霊を持っています。指一本を曲げるだけのしぐさでも、それが直ちに宇宙全体に影響を与えるものなのです。

また、一言にして帝者の師となり一語で幾万人を動かすとか、一句の金言が幾十年の久しい間、多くの人心を左右することもあり、一喝で人を気死顚倒《きしてんとう》せしむることすらあります。それで何事も誠意と法術と儀式とが相一致する時は、一つの指を弾くものでも一言の言葉でも天地を動かし、神明を威格せしめ、また、諸々の悪魔、邪気を払うのは固《もと》より当たり前のことなのです。

⑦九字を切る時、神明の降臨を乞う作法

まず次の神向の歌を誦すること

一、千早ふる、爰も高天原なり集まり給へ四方神々

一、幣立て、此処も高天原なれば集まり給へ四方神々

一、明けて見よ、神の宝蔵に何もなし、祈りし処神風ぞ吹く

一、神垣や居垣にばかり、姿にて無きこそ神の姿なりけり

一、心だに誠の道に叶ひなば、祈らずとても神や守らん

南無九万八千神、来臨守護唸急如律令

合掌
天之御柱
地之御柱
次に弾指三反

右の五種の神向の歌を三反唱え後に三種の祓を三度奉誦すべし

⑧「十字切り」について

修行に最高に行き詰った時、死に直面した時のみ使用する、「十字切り」という秘術があります。これは秘密事ではありますが、あえて今回明かすことにしました。方法は、九字を切った後、行、バン、カンの三つのうち切る、というものです。

⑨求菩提山に伝わる十字秘術

（修法は秘密とす）

天　高位人対面の時
龍　海、川、船、橋など渡る時
虎　広野、深山を行く時
王　合戦、盗賊出合う時
命　無心、無飲食の時
勝　問答対面勝負の時

行　出て行く時

鬼　病人、死人見る時、魔軍除

水　大衆事の時

散　敵蜂起の時

二拍　オンバダラ　タラウンパッタ

弾指三度　オンホリホリアラハラタラウンパッタ

(6) 護摩行——付属DVD映像で護摩修業体験

本書の付属DVDには、求菩提山奥之院にて催行された護摩供《ごまく》の様子（部分）を収録しています。世界一多く焚いてこられた山田龍真師匠による護摩です。ぜひ、炎の向こうの不動明王に、不安や恐れ、煩悩を護摩の炎で焼き消していただいてもらえるよう、手を合わせて祈ってみてください。そして、ビジネスに活かすという観点からは、繰り返しDVDを見て、炎を見つめることで変性意識に入る練習をしてビジネスマインドを鍛えていただきたいと思います。
以下、山田龍真師匠による解説です。

護摩とは、如来の智慧の火を頂いて、一切の穢れを焼き尽くす儀式のことです。煩悩を記した護摩木を炎に投ずると、本尊の不動明王が、護摩の炎で、煩悩、病気、穢れを焼いて浄化してくださり、やがてやすらぎが与えられるということです。

護摩を主催する導師（行者）は「入我我入観」といって、本尊・火・行者が三身即一、すなわち炎と一体になっていきます。

読者の皆さんは、導師の後方の信者の席に参列されるかたちです。

特別な作法は必要ありません。心を落ち着けて合掌して炎に向かい祈ってください。祈れば、あなたの中の「内なる不動明王」を目覚めさせ、願いがかなえられていきます。いかに目覚めさせるかは、あなた次第です。

祈りは一つに決めてください。

本来、護摩の功徳は、仏の加被力、行者の信念、信者の信力が一体になったとき、初めて祈願が天に通じて成就するものです（これを三力具足と言います）。

皆さんが祈りを一つに決めると、祈りが強くなります。祈りが強くなるほど、行者はその力を借りて仏の加被力を引き出すことができるのです。

山田龍真

求菩提山修験道根本道場奥之院座主《ざす》　大行満

1941年大阪府布施市（現・東大阪市）生まれ。

1960年、19歳で父親の経営する鮮魚店を継ぎ、店舗拡大、結婚、3人の子宝に恵まれながら順風満帆な人生を送る。

27歳の時、全身に激痛を伴う原因不明の病に倒れ、やむなく店舗と住居を捨て福岡県行橋市に移住。その地で生涯の師・丸塚法現と出会い、亡母の供養を行ったところ、一晩で病が完治する奇跡を体験。この一件をきっかけに30歳で出家得度。教学を8年間学び、39歳で伝法灌頂を受け阿闍梨となる。

1980年より求菩提山で修験道の修業を開始。1986年、千日行を満行し、116年ぶり史上18人目の大行満位となる。

著書『霊を視る』『われ、かく荒行せり』『『大行満・山田龍真の霊魂の不思議な世界』『だって、生きてるんだもんね』『行者魂』などがある。

1971年（昭46）	真言宗において出家得度
1976年（昭51）	伝法灌頂を受け阿闍梨となる
1980年（昭55）	求菩提山頂7日間断食般若心経一万巻転読
	龍門岳不動窟7日間断食般若心経一万巻転読
1981年（昭56）	求菩提山中禊場4日間断食、厳寒滝行
	龍王院道場21日間焼八千枚落叉護摩供
1982年（昭57）	求菩提山7合目七日間即身成仏行（土中行）
1983年（昭58）	求菩提山5合目十日間即身成仏行（土中行）
	常行堂21日間焼十万枚護摩供　千日回峰行入山
1986年（昭61）	千日行満行。一千座焼百万枚護摩供
	常行堂千日間、結願焼十万枚護摩供
1987年（昭62）	龍門岳百日山籠り入山
	百日山籠り満行。般若心経五万巻転読
1988年（昭63）	龍王院本堂十日間焼十万枚護摩供
1989年（平元）	龍王院本堂百日間焼百万枚護摩供
1990年（平2）	求菩提山6合目七日間即身成仏行（土中行）
1991年（平3）	常行堂十日間焼十万枚護摩供
1992年（平4）	龍王院本堂十日間焼十万枚護摩供
1993年（平5）	畢（おわんぬ＝修行を終えたという意）合掌

ホームページ　http://www.yamada-ryushin.net
住　所　〒829-0111　福岡県築上郡築上町安武202-2
電　話　0930-52-2101
※第一・第三日曜日に護摩供霊障相談・墓相談・水子供養

道幸龍現（武久）

求菩提山修験道権大律師
ビジネスプロデューサー、組織改革コンサルタント。
1972年北海道生まれ。
大学卒業後、一部上場企業など複数の会社でトップセールスマンとなり、29歳のときに独立したのち1年半で年収が9倍となり、処女作『加速成功』（サンマーク出版）がベストセラーに。

現在、ビジネスプロデューサーとして月間5,000万PVのホームページ運用者へのコンサルティング、全国100店舗の整体院グループやシリーズ累計200万部の健康関連書籍のプロデュース、上場企業のアドバイスなど企業の成長戦略やブランディングに特化したコンサルティング業務を行っている。さらに「サムライスピリッツ」として、外国のマネでない日本独自の文化を元にした成功、成長法則をセミナー「加速成功実践塾」で伝え続ける。

2009年には初代タイガーマスク・佐山サトル氏と出会い、世界最高のメンタルトレーニング「リアル不動心」を共同開発。2010年より「リアル不動心セミナー」を開始。さらに伊勢神宮など神社ツアーや「神道入門」講演会を主催するなど、新しい時代の成功と幸福を伝えている。セミナー、講演の受講生はのべ2万人を超える。教派系神道の教師でもある。
山田龍真師より得度を受け、法名龍現を授かる。

著書『壁を崩して橋を架ける 結果を出すリーダーがやっているたった1つのこと』『メンタルパワー』『「できない自分」から抜け出す32の方法』『学校では教えない人生の秘訣』『会社の寿命10年時代の生き方』『夢の叶え方』『人を動かす　火事場の鉄則』『成功王』などがある。

ホームページ　https://www.syokatu.com
Facebook「道幸武久（りゅうげん先生）」

付属DVDについて

このDVDには、奥之院にて催行された護摩供の様子が収録されています。

護摩壇に向かって左（アングル1）と右（アングル2）から撮影した映像をご用意しました。メニュー左のボタンで映像を選択してご覧ください。

収録時間はそれぞれ約17分です。

ビジネスに効く修験道《しゅげんどう》

2018年4月27日　初版第1刷発行
2018年5月10日　初版第2刷発行

著　者　山田龍真　道幸龍現（武久）

発行人　高橋秀和
発　行　今日の話題社
東京都品川区平塚2-1-16 KKビル5F
Tel 03-3782-5231　Fax 03-3785-0882

印刷　平文社
製本　難波製本

ISBN978-4-87565-639-5